DEUXIÈME ÉDITION

CH. VIRMAITRE

PARIS
E. DENTU, ÉDITEUR

PARIS OUBLIÉ

PARIS
IMPRIMERIE DE G. BALITOUT ET Cⁱᵉ
7, rue Baillif, 7.

CHARLES VIRMAITRE

PARIS OUBLIÉ

PARIS

E. DENTU, ÉDITEUR
LIBRAIRE DE LA SOCIÉTÉ DES GENS DE LETTRES
PALAIS-ROYAL, 15-17-19, GALERIE D'ORLÉANS

1886

Tous droits réservés.

PARIS OUBLIÉ

I

Le Boulevard du Temple. — Le café des Mousquetaires. — Le Tailleur dramatique. — Le Café de l'Épi-Scié. — La Capitaine de recrutement. — Le Poète sur commande. — Le Café Achille. — Grecs et Pigeons. — Monsieur Pas-de-Chance. — Conspirateur et Policiers. — Le Gamin et le Voyou de Paris. — Théâtre-Historique. — Les trois Persans. — Théâtre-Lyrique. — Scribe et Napoléon III. — Folies-Dramatiques. — Le Cirque Olympique. — Billion et Mouriez. — La Gaîté. — Clarisse Miroy et Billoir. — L'Avant-Scène n° 5. — Les Funambules. — Timothée Trimm et Caussidière. — Délassements-Comiques. — Corneille et André Chénier. — Monsieur compte son linge. — Mélanie Montretout. — Rigolboche et Marie Dupin. — Les Variétés de Bois. — Arlequin pendu. — Le Petit-Lazzari. — Bambochinet.

Le boulevard du Temple fut ouvert le 7 juin 1856 sur l'emplacement des terrains de l'hôtel Foulon.

C'était une kermesse perpétuelle, une foire essentiellement parisienne, une ville dans la ville, qui n'avait pas sa pareille au monde, elle était célèbre dans l'univers entier.

Désaugiers chantait ainsi le boulevard du Temple :

> La seul' prom'nade qu'ait du prix,
> La seule dont je suis épris,
> La seule où j'm'en donne, où ce que j'ris,
> C'est le boulevard du Temple à Paris.

Les théâtres s'étaient groupés sur ce boulevard ; quand il n'y avait pas de place dans l'un, l'ouvrier qui était sorti avec l'intention formelle d'aller quand même au spectacle, entrait dans un autre, les théâtres déshérités profitaient ainsi du trop-plein des théâtres en vogue.

En sortant du faubourg du Temple, à gauche, on rencontrait immédiatement sur le boulevard, le *Café des Mousquetaires*, le *Théâtre-Historique* plus tard *Théâtre-Lyrique*, les *Folies-Dramatiques*, le *Cirque-Olympique* qui, sous le second empire, s'appela le *Théâtre-Impérial*, la *Gaîté*, les *Funambules*, les *Délassements-Comiques*, et enfin le *Petit-Lazzari* ; entre chaque théâtre, cela va sans dire, il y avait un café, mais trois seulement furent célèbres à différents titres : le *Café des Mousquetaires*, le *Café de l'Épi-Scié* et le *Café Achille*.

Je ne parle pas du *Café Turc*, il était sur la rive droite du boulevard et existe toujours.

Le CAFÉ DES MOUSQUETAIRES était le Helder du

populo, sa clientèle se composait d'artistes qui venaient après le théâtre y souper à bon marché; d'ouvriers, d'étudiants, curieux de voir de près les « reines de la rampe », et surtout de provinciaux qui espéraient en faire connaissance !

Quelle joie pour eux, rentrés dans leur province, au cercle, de pouvoir dire à leurs partenaires, en annonçant soixante de dames : — ah ! vous savez, à propos de dames, j'ai été à Paris.

— Oui, nous savons ça, répondait le notaire, vous avez fait vos farces ?

— Mon Dieu oui, j'ai soupé aux *Mousquetaires*, avec Mlle Fargueil, j'ai serré la main à Madeleine Brohan, disait le bon bourgeois en se rengorgeant.

— Polisson, ajoutait le capitaine de gendarmerie, ça ne m'étonne plus, que votre femme ne passe pas sous la porte de la ville.

Les potins scandaleux allaient leur train et les bonnes bourgeoises, mises au courant par un *ami* complaisant, disaient d'un ton dédaigneux : — ces grandes actrices, toutes p......

Voilà comment les réputations s'établissent, le bourgeois en rupture de comptoir avait simplement offert à souper à une figurante des *Délass-Com*, que Mangin lui avait présentée sous le nom de Fargueil ou de Brohan.

Ces mystifications se répétaient quotidiennement.

Le clan des raseurs était nombreux, ils venaient

régulièrement tenter, entre la poire et le fromage, d'intéresser à leurs pièces l'acteur en vogue, on avait beau les dépister, les décourager, rien n'y faisait; ils trouvaient toujours le moyen de lire un acte ou de vous raconter un scénario.

Parmi les raseurs, il y en avait un remarquable par sa ténacité; je ne le nommerai pas, car il est aujourd'hui un de nos plus grands tailleurs de Paris. A cette époque, simple ouvrier, il avait la toquade d'être auteur dramatique, il travaillait chez Ulmann, le tailleur à la mode; ce dernier habillait Laferrière; on sait que le grand artiste était un élégant à tous crins, et que chaque saison, il inaugurait la mode.

L'auteur-tailleur était chargé d'essayer les vêtements de Laferrière; chaque fois qu'il accomplissait cette besogne, l'artiste devait subir la lecture d'un acte; c'est très beau, disait-il, mais ce n'est pas assez scénique; c'est bien, Monsieur, répondait le tailleur, je reviendrai demain, et il revenait en effet, avec cinq actes nouveaux. Chaque fois qu'il livrait un vêtement à Laferrière, celui-ci trouvait un drame dans une poche de son habit.

Il écrivit plus de deux cents pièces en cinq actes; aucune ne vit la rampe, cela va sans dire.

Mangin était un habitué fidèle du *Café des Mousquetaires*, on l'avait, je ne sais pourquoi, surnommé *Col de zinc*, il arrivait généralement vers minuit, escorté d'une bande de voyous, qui criaient à tue-tête: Vive Mangin! Toujours, élégamment habillé, il promenait dans la salle sa morgue insolente, jamais on n'aurait soupçonné l'illustre saltimbanque, qui savait si bien dire à Vert-de-Gris : Tourne la commode !

Laferrière, le pauvre cher et grand artiste, l'inoubliable jeune premier, était aussi un habitué, il mangeait silencieusement, en compagnie de Victor, sans se soucier des regards envieux de ceux qui jalousaient son éternelle jeunesse et des œillades des femmes qui quêtaient un sourire.

Le CAFÉ DE L'ÉPI-SCIÉ était dans un sous-sol, la police y faisait régulièrement des rafles fructueuses; c'était le rendez-vous de la lie du boulevard. On peut se faire une idée de ce que pouvait être ce public, quand on saura que les habitués du boulevard étaient eux-mêmes la lie de Paris.

On y jouait le *passe-dix* et le *petit-paquet*. C'était le rendez-vous des chevaliers du surin, des caroubleurs; des marchands de contre-marques, des lutteurs de foire ; là se combinaient les vols, les assassinats; ah! c'était un joli public, dans lequel souvent la police jetait ses filets, la pêche y était toujours miraculeuse.

Parmi les habitués, on voyait fréquemment une énorme femme, chaussée de socques, vêtue d'une robe de soie à ramages, jadis couleur bleu ciel, coiffée d'un *cabriolet* fané, les oreilles garnies de pendants en *toc*, la taille serrée par une ceinture à plaque d'acier, sur laquelle retombait une gorge volumineuse, qu'aucun corset au monde n'eût été capable de discipliner.

Sa figure était couverte d'une épaisse couche de poudre de riz qui ne parvenait pas à dissimuler les boutons couperosés qui l'émaillaient, on la nommait : *la Capitaine de recrutement*.

Son cabas en tapisserie (les mauvaises langues disaient qu'elle couchait avec) était un véritable capharnaüm, il recélait tout un monde, la Capitaine avait plusieurs cordes à son arc ; aux dames du monde, elle tirait les cartes ; elle faisait escompter des billets aux fils de famille, le quart en argent, la moitié en intérêts et commissions, et l'autre quart en marchandises qu'elle rachetait à quatre-vingts pour cent de perte.

Elle vendait à tempérament aux cocottes, prêtait sur gages, avançait les appointements aux artistes, fournissait des petites filles aux amateurs de fruits verts ; elle avait un stock de Chouard pour les Germiny, de gouvernantes discrètes pour les curés de province, une collection d'amies de pension pour dames seules ; bref, c'était une femme universelle.

Elle fut la créatrice du *truc* du bureau de placement pour bonnes à tout faire ; aujourd'hui qu'elle a fait école, on trouve cela très simple ; ce fut pourtant un trait de génie.

Elle avait des affidés aux principales gares de

chemins de fer, chargés de suivre les jeunes filles de province qui arrivaient à Paris; elle notait soigneusement leurs adresses, puis leur envoyait sa carte; presqu'aussitôt elle recevait leur visite.

Après la question d'usage, âge, pays, dame! il fallait se méfier des mineures, elle déclarait qu'elle avait une place superbe, à Amiens par exemple. « Oui, je veux bien, répondait la pauvre fille, mais je n'ai plus d'argent. — Oh! qu'à cela ne tienne, disait la Capitaine, je vais vous avancer le voyage. » La malheureuse, enchantée d'une pareille aubaine, demandait à partir le plus vite possible; elle arrivait à destination... Le lendemain, les habitués du café de la Comédie se chuchotaient à l'oreille :

— As-tu vu la nouvelle, chez la mère Stephen ?
— Non!
— Elle vient de Paris, mon cher; on l'a baptisée : *Fleur de naïveté*.
— Nous irons ce soir.

La Capitaine est morte dame de charité.

Un autre type. Le *poète* était très à la mode parmi les bourgeois du faubourg, c'était une sorte de modiste littéraire à qui l'on pouvait demander du jour au lendemain des voiles de fiancées et des chapeaux de deuil en vers. Il était assassiné de commandes, il en tenait un registre au jour le jour; en voici quelques-unes : « Epitaphe pour un homme et deux enfants, avec prière de mettre seulement deux cent cinquante lettres, parce que la pierre tu-

mulaire n'en peut contenir davantage. — Le propriétaire d'un serin mort de faim désirerait quelques vers élégiaques, genre Millevoye. — Mettre la ponctuation et l'orthographe à un manuscrit de trois cents pages; l'auteur n'aime à mettre ni l'une ni l'autre, parce que lorsqu'il se livre à cette occupation il éprouve une douleur aiguë dans le dos!!
— Faites-moi des vers sentis sur mon jeune enfant. Vous trouverez peut-être quelques idées touchantes dans le fait qu'il s'est noyé dans un tonneau rempli de nourriture destinée à mes cochons.
— Ecrivez-moi une poésie pour mettre dans l'album d'une dame dont je n'ai jamais entendu parler. Faites-la aussi vite que possible, car demain je me rends chez elle avec une nouvelle paire de bottes. Mettez beaucoup de passion, de feu; ne reculez pas devant le *cher ange,* ou *l'ange de mes rêves!!»*

Il est mort riche, décoré et sénateur.

A côté du *Café de l'Épi-Scié* se trouvait le caveau *Mac-Moc,* tenu par Léon. Le grand succès de cet établissement souterrain fut une chèvre qui passait sur une planche peinte, à côté de laquelle une corde était tendue; l'illusion était complète, les spectateurs étaient persuadés que la chèvre marchait sur la corde raide. *Mac-Moc* faisait la parade à une fenêtre du premier étage et vantait le mérite de Mlle Didgilah, nom de la chèvre acrobate. Après la démolition du boulevard, *Mac-Moc* devint un fonctionnaire; il était surveillant des

Lanciers du préfet, chargés de balayer le faubourg du Temple.

Le Café de l'*Épi-Scié* avait été construit sur l'emplacement occupé jadis par la baraque où s'illustrèrent Bobèche et Galimafré; ce dernier est mort en 1869, rentier à Montmartre.

Le Café Achille avait été baptisé par les *grecs*, *Café de la Basse-Grèce* ou : *Café de l'Allumage;* c'était là en effet que se réunissaient les *grecs* qui opéraient dans les tripots tenus par les marchands de vins ou dans les cafés borgnes, pour se vendre ou s'acheter des dupes, car la dupe était une marchandise autrefois, comme aujourd'hui sans doute.

Lorsque l'un d'eux avait rencontré un malheureux provincial qui flânait devant les théâtres du boulevard, il l'amenait au *Café de l'Allumage* sous un prétexte quelconque.

Là, le *pigeon* était jaugé sur la mine par une douzaine de *grecs,* qui en achetaient aux enchères, dans un langage convenu, la propriété au *dénicheur*.

Le prix fait et payé, le *pigeon* était présenté à sa proie et on lui donnait rendez-vous pour le soir dans tel ou tel tripot, sous prétexte de le présenter dans le monde.

On voyait quelquefois des *pigeons* payés 10 louis; on les désignait sous le nom de *chapons,* quoiqu'ils ne vinssent pas du Mans.

Après eux venaient les *canards,* puis les *poules;* une *poule* se payait rarement plus d'un louis.

Jamais les filous ne se trompaient entre eux ; ils exécutaient *loyalement* leurs conventions ; c'est le cas d'appliquer le proverbe : Les loups ne se mangent pas entre eux !

Plusieurs assassins célèbres furent arrêtés dans ce café.

Dans la maison, il y avait un hôtel borgne qui logeait le public du café ; on y arrêta un soir un assassin dans des circonstances curieuses.

Un homme abattu, trempé de sueur et de pluie, frappait à la porte de l'hôtel ; on n'ouvrait pas, il frappa plus fort. Enfin, une atroce vieille présente son nez crochu au guichet qui trouait la porte :

— Qui es-tu ?
— Bec-à-Mèche.
— Il n'y a pas de place pour toi, ce soir.
— J'ai de l'or.
— C'est différent.

La vieille lui ouvrit, il monta l'escalier, tortueux et humide, arriva sur un palier qui précédait un couloir en boyau ; on le poussa dans une chambre, véritable taudis où une femme était déjà couchée dans un coin. Au bruit, elle s'éveilla à moitié, se retourna sur sa paillasse et allait se rendormir ; l'homme la regarda à peine, il poussa le verrou de la porte, puis vida son or sur la cheminée. Au son de l'or sur la pierre, la femme dressa l'oreille et à travers les trous de sa couverture, elle vit l'homme qui nettoyait dans l'âtre, un couteau teint de sang. Une heure après, l'homme lui avait offert son or, elle l'avait refusé ; chose étrange, cette créature tombée avait un caprice, elle préférait le couteau au tas d'or ; l'homme lui donna le couteau, puis s'endormit.

Toute la nuit, la femme, le couteau ouvert à la main, assise à côté du grabat où l'homme dormait, veilla ; le matin arriva, éclairant le galetas d'un jour gris ; l'homme se leva, sans faire attention à la femme, puis, silencieux, s'en alla. A peine était-il dans l'escalier que la femme verrouilla la porte, y poussa le lit et ouvrit la fenêtre. — « A l'assassin ! à l'assassin ! cria-t-elle. — Les agents, qui avaient perdu, la veille, trace de l'homme — l'assassin — accoururent et se précipitèrent sur la porte de l'allée ; l'homme rebroussa chemin et remonta l'escalier ; trouvant la porte de la chambre d'où il sortait fermée, il l'enfonça d'un vigoureux coup de pied, mais la femme était debout devant la porte, le couteau à la main.

— Si tu avances, dit-elle, je te cloue !

Les agents arrivèrent et arrêtèrent l'homme.

— Faites donc des cadeaux aux femmes ! fit-il en regardant son couteau ; pour la première fois que cela m'arrive, je n'ai pas de chance !!

Au début de l'Empire, les conspirations étaient à la mode, chacun voulait son petit complot, la police fut avertie que des républicains se réunissaient au *Café Achille* : il y avait, paraît-il, une conspiration révolutionnaire dont il s'agissait de saisir la trame. Selon la tradition, on dépêcha une douzaine d'agents secrets ayant pour instruction de s'affilier à la conspiration. Pour plus de sûreté, ces hommes ne se connaissaient pas entre eux.

Les agents commencèrent donc leur travail ; attablés dans un cabinet attenant à la salle commune, ils échangeaient des signes mystérieux, chantaient à voix basse des refrains séditieux, et poussaient des soupirs à l'adresse de la déesse Marianne. Il se trouva que les vrais conjurés avaient été prévenus, et que les gens de la police seuls conspiraient entre eux. Cependant, un jour que l'on avait mis sur la table un buste de Napoléon III, en chantant la chanson :

> Il est déjà pas mal en plâtre (emplâtre),
> En terre il serait encore mieux...,

le limonadier, craignant d'être compromis, prit l'alarme et alla faire sa déclaration chez le commissaire de police du quartier. Celui-ci, vu le flagrant délit, fit cerner la maison par la troupe, et les agents, emballés dans des fiacres, furent conduits à la préfecture. Chemin faisant, ils jurèrent tous de ne rien révéler. — Il fut aussi décidé que si jamais on découvrait celui qui avait trahi la conspiration, il serait mis à mort. Une fois devant l'autorité, tout s'expliqua. Le chef de la police reconnut tous ses hommes et il paraît qu'on rit beaucoup. Il y avait de quoi. Pas de commentaires, n'est-ce pas?

Jamais les théâtres, et particulièrement ceux du boulevard du Temple, ne furent tant suivis que pendant l'hiver de 1714, année de la grande disette. Les spectateurs mangeaient des noix et des noisettes et disaient en sortant : Nous avons épargné le bois et la chandelle ; il nous en aurait autant coûté pour nous chauffer et pour nous éclairer. Il ne fallait pas toutefois qu'ils prissent une voiture pour rentrer chez eux, car la course en fiacre, de dix minutes, coûtait 600 livres, soit, l'heure, 6.000 livres... sans le pourboire! Il est vrai que c'était en assignats!

Il y avait de tout sur le boulevard : des marchands de marrons, de coco, de sucres d'orge, de chaussons aux pommes et aux pruneaux, de pommes de terre frites ; la limonade polonaise à deux liards le verre faisait fureur ; la bière à quatre sous la bouteille était le régal des huppés.

Dans le jour, les petits bourgeois faisaient du boulevard leur promenade favorite ; mais une fois quatre heures, ils devaient céder la place au public, qui arrivait de toutes parts pour faire queue à la porte des théâtres pour avoir la meilleure place.

Ah! c'était un curieux spectacle quand l'acteur aimé, Paulin Ménier, Alexandre, Dumaine, Christian ou Taillade se promenait devant les queues en attendant l'heure d'entrer en scène, les voyous qui jouaient au *bouchon* ou à *l'anglaise* s'écartaient respectueusement et le saluaient d'un : bonjour, M'sieu, grand comme le bras. L'acteur, en homme bien élevé, soulevait légèrement son chapeau; alors des discussions violentes s'élevaient :

— J'te dis q'c'est moi qu'il a salué !
— Des navets ! c'est pas toi.
— J'te dis que si !

Tout à coup un gamin criait : *Pet ! pet !* v'là la rousse ! Alors la bande s'envolait comme une nuée de moineaux pour aller plus loin continuer la partie.

Le gamin de Paris, qu'il ne faut pas confondre avec le voyou, étaient tous deux habitués du boulevard.

Le gamin reste gamin jusqu'à l'âge de douze ans, passé cet âge il devient voyou. Voyez passer sur le boulevard deux enfants de dix à seize ans : le premier est encore petit pour son âge, mais il est déjà fort, leste, hardi; son visage respire la franchise, les yeux sont ouverts, il regarde en face, avec une nuance de crânerie, les hommes et les choses; sa tenue est convenable, bien qu'elle sente l'atelier; son linge blanc annonce les soins protecteurs d'une femme.

Accompagnez d'un sourire ce bambin qui trottine en chantonnant un air nouveau, car cet enfant, c'est un gamin de Paris.

Regardez maintenant le second : il frôle les boutiques comme s'il cherchait un carreau cassé pour les dévaliser; examinez ce teint impossible à décrire et détournez-vous avec dégoût : cet enfant perdu avant l'âge, c'est le voyou de Paris.

Le gamin de Paris fait des mots.

Le voyou de Paris fait la bourse, la montre et le mouchoir; le gamin de Paris est accessible à tous les bons sentiments, il est capable d'accomplir les plus belles actions.

Le voyou de Paris possède tous les vices et il est toujours prêt à commettre les plus grandes lâchetés.

Le 23 février 1848, un gamin de Paris voyant un garde municipal qu'on allait fusiller, se jeta dans ses bras et lui sauva la vie en s'écriant : « C'est mon père! » Le même soir, un voyou de Paris rencontrant, près du Palais-Royal, un soldat blessé qui cherchait une retraite, lui brûla la cervelle avec un *pistolet volé* chez Lefaucheux.

Revenons au boulevard.

Enfin l'heure de l'ouverture des bureaux sonnait; un immense brouhaha s'élevait; les derniers arrivés voulaient passer les premiers ; aussitôt retentissaient des cris formidables : A la queue! à la queue! Puis c'étaient les cris des marchands qui voulaient se hâter d'écouler leurs marchandises : — Limonade à la glace, fraîche et bonne ! qui veut boire! — Demandez le passe-temps de l'entr'acte! — Fleurissez-vous, Mesdames, un sou la botte !

— Ma belle valence, mon beau portugal ! — Sucre d'orge à la guimauve et au réglisse ! — Voulez-vous une place moins chère qu'au bureau ? — Demandez le portrait de Paulin Ménier dans le rôle de Choppard ! — Quarante chansons nouvelles pour un sou !

C'était un vacarme assourdissant. En quelques minutes, hors les marchands, le boulevard était vide, la foule s'était engouffrée dans les théâtres; on n'entendait plus que le pas cadencé du municipal qui se promenait mélancoliquement et aurait bien voulu s'en aller aussi.

Une fois dans la salle, avant le lever du rideau, les spectateurs se mettaient à leur aise. On ne connaissait guère l'étiquette, surtout aux galeries supérieures, chacun ôtait sa blouse, d'aucuns leurs souliers ; puis si la toile tardait à se lever, c'étaient des cris, des chants à croire qu'on se trouvait dans un asile d'aliénés ou au Jardin-des-Plantes.

— La toile ou mes quat' sous ! — La toile ou j'en fais des faux-cols ! — L'embrassera ! l'embrassera pas ! — Fermez donc vos boîtes, tas de mannequins ! — C'est pas toi qui la feras fermer, hé ! muffe !

Puis tout à coup on entonnait le cantique de *Chœur fidèle* ou d'*Esprit saint, descendez en nous;* d'aucuns lançaient des flèches de papier qui allaient s'enflammer aux lustres ou aux girandoles, d'autres crachaient sur les crânes chauves de l'orchestre ou jetaient des pelures d'oranges. Enfin, les trois coups traditionnels étaient frappés par le régisseur, la toile se levait lentement, pendant que l'orchestre jouait l'ouverture avec force trémolos. Alors un silence solennel s'établissait, le public était tout à la pièce. Malheur à celui qui aurait interrompu.

Dans les entr'actes, les titis, toujours affamés, avaient le choix entre *Madame Véfour* ou la *Mère Gras-Double;* toutes deux se tenaient dans le passage des Folies-Dramatiques. Leur spécialité consistait à vendre pour deux sous un morceau de pain dans lequel elles mettaient un morceau de gras-double rôti dans la poêle; les plus riches allaient jusqu'à trois sous, alors, pour ce prix, ils avaient une saucisse plate. Dans le langage du Boulevard, cela s'appelait un *enterrement* de première classe.

Derrière les théâtres du Boulevard se trouvait la rue des Fossés-du-Temple, qui commençait place d'Angoulême pour aboutir faubourg du Temple. Vers minuit, cette rue présentait un curieux spectacle : une foule d'hommes, jeunes, vieux, gris, bruns, blonds, battaient la semelle en arpentant les trottoirs; ils attendaient ces « dames » à la sortie des artistes. Tandis que les amoureux transis se morfondaient, elles sortaient tranquillement par le boulevard. La mère Henri, qui tenait un petit débit de vins à l'angle des rues de la Tour et des

Fossés-du-Temple, avait la clientèle artistique des théâtres d'en face. On y rencontrait Lebel, Williams, Hache et beaucoup d'autres, devenus célèbres à différents titres, qui buvaient fraternellement le demi-setier de l'amitié sur le modeste comptoir d'étain; comme le vin était servi dans des verres bombés, les artistes criaient en entrant : Une bombe ! s. v. p.

Lebel, qu'on avait surnommé la *Jambe-de-laine,* se distinguait dans la consommation des bombes; il faisait assaut avec Hache; ce dernier était marchand au Temple. Dans les pièces patriotiques, le soir, il remplissait au Cirque les rôles de tambour-major. Son rêve était d'avoir un rôle. A force d'intrigues, d'obsessions, il obtint de dire un mot dans une pièce de Laloue; il devait dire à Napoléon : « Quel échec, mon Empereur ! » La langue lui fourcha, il avait oublié ! Alors, à tout hasard, il s'écria : « Ah ! quelle *dèche !* mon Empereur. » L'expression est restée; et, dans le langage populaire, lorsqu'on veut indiquer une grande pauvreté, elle est employée.

Place d'Angoulême, à la naissance de la rue des Fossés-du-Temple, dans l'ancien hôtel du général Saint-Hilaire, Mme Morin, vers 1825, fonda un restaurant qui portait pour enseigne : *Au Capucin du Marais.* Il ne tarda pas à devenir célèbre, pas pour sa cuisine, mais pour les fêtes qu'y donnait le grand Chicard.

Toutes les petites actrices des théâtres des boulevards, qui logeaient aux environs, en étaient les danseuses assidues.

L'escalier, qui donnait accès aux salons du premier, était le plus splendide de Paris, dix soldats pouvaient y monter de front sans se gêner; aujourd'hui, cet hôtel sert de magasin à un marchand de fer.

Théâtre-Historique

Les fondateurs de cette salle qui ne datait que du mois de février 1847, furent MM. Ardoin, Bourgoin, Hostein et Alexandre Dumas père. Tous quatre formèrent une Société au capital de quinze cent mille francs.

La salle fut construite en dix mois sur les plans de l'architecte De Dreux.

La pièce d'ouverture fut la *Reine Margot*. On y joua successivement les œuvres de Dumas; le *Chevalier de Maison-Rouge* obtint un immense succès.

Tout Paris a connu un vieillard à longue barbe blanche qu'on rencontrait partout, toujours vêtu d'une longue robe, la taille entourée d'une ceinture de cachemire bleu et coiffé d'un bonnet d'astrakan. On ignorait son nom; mais, en raison de son costume, on l'appelait le *Persan*.

Mélomane enragé, il avait une stalle à l'année à l'Opéra, aux Italiens et à l'Opéra-Comique, ce qui ne l'empêchait pas de fréquenter les autres théâtres.

Jamais le Persan n'adressait la parole à qui que ce fût. Quand il s'agissait de payer son abonnement à l'Opéra-Comique, il arrivait à l'ouverture de la saison, et au contrôle déposait sur le bureau un billet de 500 fr. Son abonnement expiré, le contrôleur le prévenait; sans souffler mot, il se rendait à sa stalle et, la première fois qu'il venait, il donnait à nouveau 500 fr.

Ce Persan énigmatique donna lieu à une scène des plus comiques.

Un soir de Carnaval, Alexandre Dumas avait invité du monde à dîner; ensuite, lui et ses amis devaient aller finir la soirée au *Théâtre-Historique*. Gavarni eut la singulière idée de s'habiller comme le Persan; il s'était fait une tête, comme l'on dit, admirablement grimé, il eût trompé les plus clairvoyants. Comme le Persan, ne parlait jamais; quand il avait un mot à dire au contrôleur du théâtre, il le lui glissait dans l'oreille : l'illusion était complète.

Gavarni était sur le devant de la loge. Mais voilà que quelques minutes plus tard, le Persan entra et se plaça à côté de lui. Vous croyez que ce fut Gavarni le plus embarrassé? Erreur, ce fut l'autre. Ils se saluèrent gravement; les spectateurs de la galerie, du balcon, de l'orchestre, des loges les regardaient absolument intrigués. — Ils sont donc deux Persans? disait-on.

Les deux Persans s'examinaient comme les deux ours du vaudeville de Scribe, chacun des deux croyant avoir affaire au vrai. Ils ne l'étaient ni l'un, ni l'autre. La même pensée bizarre était venue à Gavarni et à un écrivain très gai alors, aujourd'hui un grave académicien.

Enfin, ils se reconnurent et éclatèrent de rire tous les deux. Les loges firent comme eux et le rire, gagnant de proche en proche, devint général au point d'interrompre le spectacle.

Alors Alexandre Dumas, pour égayer encore la situation, annonça qu'il avait invité le vrai *Persan* et qu'il l'attendait.

Ce fut à qui des deux sosies courrait au plus vite vers la porte.

Le *Théâtre-Historique* succomba en 1851. La révolution de 1848 avait tué l'entreprise.

Dans la salle de l'ancien *Cirque*, on avait installé un théâtre lyrique populaire qui avait végété pendant une année.

Scribe, qui s'intéressait à cette tentative, écrivit au Prince-Président pour lui demander l'autorisation de transférer le *Théâtre-Lyrique* du *Cirque* au *Théâtre-Historique*. Le Président de la République fit appeler Scribe.

— Quel avenir, croyez-vous, lui dit-il, peut avoir un *Théâtre-Lyrique* dans un quartier essentiellement ouvrier?

— Un grand, selon moi, répondit Scribe, qui

tenait à son idée. Cela moralisera le peuple, qui abandonnera petit à petit les cafés-concerts, les goguettes, et se familiarisera vite avec la musique des maîtres.

— Je sais bien, ajouta le Président, que le peuple a l'instinct musical; il est possible que l'opéra-comique réussisse en cet endroit, cependant j'en doute.

— Et pourquoi? fit Scribe.

— Mon Dieu... parce que, parce que... si je vendais des diamants comme Fontana, je n'irais pas m'établir au milieu des marchands de ferrailles de la rue de Lappe!

L'autorisation sollicitée par Scribe fut néanmoins accordée par le président et le *Théâtre-Lyrique* ouvrit.

Sa grande époque fut la direction Carvalho.

On y entendit Mme Marie Cabel et M. Meillet dans le *Bijou perdu*.

M. Montjauze dans *Jaguarita*.

Mme Borghèse dans les *Dragons de Villars*.

Mme Ugalde dans *Gil-Blas*.

Mmes Miolan, Vandenheuvel-Duprez et Ugalde dans les *Noces de Figaro*.

M. Michot dans la *Fée Carabosse*.

M. Bataille dans l'*Enlèvement au sérail*.

Et encore Marie Sass, Balanqué, Junca, Laurent et tant d'autres devenus célèbres.

C'est au *Lyrique* que, pour la première fois, au

bénéfice de Nelly, on entendit chanter le trio de *Guillaume Tell* en français par Tamberlick, Duprez et Baroilhet.

Le Prince Président avait eu raison de douter que le *Théâtre-Lyrique* pût réussir ; car, après douze années d'efforts, de luttes terribles, M. Carvalho dut abandonner sa direction.

Mais cette tentative n'avait pas été vaine pour l'art, car M. Carvalho initia presque deux générations à des beautés musicales que, sans lui, elles n'auraient pas connues, en même temps qu'il révéla des artistes qui ont fait et font encore la gloire de l'école française.

Les Folies-Dramatiques

Ouvrirent le 22 janvier 1831, sous la direction d'un homme de lettres nommé Léopold ; plus tard la direction passa aux mains de M. Charles Mouriez, connu comme auteur dramatique sous le pseudonyme de Valory. Le papa Dorlange, comme on l'appelait familièrement, était régisseur général. Il garda ce poste vingt-cinq ans et ne consentit à l'abandonner qu'à la condition qu'il resterait *régisseur honoraire*, tout comme un notaire !

Le père Mouriez fit une grande fortune aux *Folies-Dramatiques ;* il avait la science d'attirer le public. La salle était malpropre, infecte, sans air, mal éclairée, les banquettes usées jusqu'à la corde étaient rembourrées avec des noyaux de pêches, impossible de s'asseoir dans les stalles ; ajoutez à cela des décors sales, déchirés ; les acteurs habillés avec une parcimonie qui surpassait celle de Billion, de légendaire mémoire, mais la foule venait.

La raison était que ses pièces amusantes, pour la plupart, avaient pour interprètes des artistes tels que Christian, Levavasseur, Calvin, Mmes Julia. Baron, et Adèle qui rivalisait avec Alphonsine.

Quand le père Mouricz avait un insuccès, cela lui arrivait parfois, il tenait bon et jouait quand même la pièce chutée. Plus obstiné que le public, il savait bien que ce dernier avait l'habitude de son théâtre et qu'il viendrait quand même.

Ce curieux et unique directeur n'a pas heureusement fait école ; il est vrai qu'il trouva moyen de s'enrichir quand d'autres, comme Hostein et Marc Fournier, se ruinèrent pour avoir dirigé différemment.

Le Cirque (Théâtre-Impérial)

Le *Cirque* fut ouvert le 2 mars 1827, sous la direction des frères Franconi.

Ces habiles écuyers étaient originaires de Lyon. On lit dans le *Moniteur* du 14 avril 1791 : « M. Franconi, citoyen de Lyon, est arrivé avec ses enfants, ses élèves et trente chevaux. Il commencera ses exercices aujourd'hui, 14 de ce mois, à dix heures, dans l'amphithéâtre de M. Astley, rue du Faubourg-du-Temple. »

Astley avait, dès 1780, établi au n° 24, rue du Faubourg-du-Temple, un manège. En 1794, Franconi père succéda à Astley et transféra son spectacle, en 1802, dans le jardin de l'ancien couvent des Capucines; mais en 1809, il dut revenir au Faubourg.

Dans la nuit du 15 au 16 mars 1826 un incendie détruisit le *Cirque-Olympique* et ruina les frères Franconi. Chose curieuse, on jouait : l'*Incendie de Salins*. C'est alors, qu'à force d'instances, ils obtinrent le privilège de faire construire le *Cirque* du boulevard du Temple.

Le *Cirque* avait la spécialité des pièces militaires. Toute la période Napoléonienne y passa : *Bonaparte à Toulon*, l'*Histoire d'un Drapeau*, etc. Une pièce qui eut un immense succès : *Les Cosaques*, dut sa vogue à Alexandre, qui jouait le rôle du conscrit Panel, et Paulin Ménier celui du sergent Durivau. On ne reverra de longtemps sur la scène deux types militaires aussi réussis.

Dans le milieu de la pièce, Artus chantait une chanson dont le refrain était :

> Quand l'étranger ose envahir la France,
> Il faut danser à la voix du canon.

La salle entière accompagnait l'artiste; je ne me rappelle pas avoir jamais vu pareil enthousiasme, quand dans le lointain on apercevait flotter le drapeau tricolore, l'enthousiasme devenait du délire.

Qu'est devenue cette littérature?

Billion était directeur du *Cirque*; c'était un directeur unique en son genre, avare à rendre des points à Harpagon, et illettré comme deux ignorantins.

Un soir, il reçut la visite du père Mouriez, son émule en avarice; tous deux se mirent à causer dans le cabinet directorial, éclairés par une simple bougie; tout à coup Billion souffla la lumière.

— Que faites-vous donc? dit le père Mouriez.

— Vous le voyez, dit Billion, j'ai éteint la bougie, nous pouvons bien causer sans voir clair.

Après une demi-heure de conversation, Billion ralluma la bougie pour reconduire son visiteur; il aperçut le père Mouriez qui se disposait à remettre son pantalon. Billion, stupéfait, lui demanda pourquoi il l'avait ôté.

— Nous pouvions bien causer sans lumière, dit le père Mouriez, je pouvais bien causer sans pantalon; vous économisez la bougie, moi j'économise mon fond de pantalon!

A avare, avare et demi.

Billion ne comprenait pas la particule; cela le choquait d'entendre toujours dire M. DE Chilly par ci, M. DE Chilly par là. Rencontrant Frédérick-Lemaître arrêté devant les affiches de l'*Ambigu*, sur lesquelles le nom de M. DE Chilly s'étalait en grosses lettres, il lui demanda : Pourquoi donc dit-on M. DE Chilly ?

— Frédérick, avec un geste inimitable, lui répondit : On dit bien DE la M... !

Le rêve de Billion était de se retirer à la campagne et d'avoir *champignon* sur rue !

En fait de barbarisme, en voici quelques-uns qui lui étaient familiers : — Comment la belle Cléopâtre a-t-elle pu s'empoisonner avec un *as de pique ?* — J'ai reçu en cadeau un baril de vin de *Latrine à Christi !*

Un inconnu lui lisait un drame dans lequel il y avait une histoire d'amoureux ; il arriva à la fin de l'acte qui se terminait par cette phrase : — Ludovico se glissa jusqu'à elle en *tapinois*. Billion se leva d'un bond et congédia l'auteur en lui disant : Jamais je ne mettrai de *tapis noir* dans ma pièce !

Etant un jour chez Billion, en attendant la venue du fameux directeur, je m'amusai à regarder les images enluminées, les peintures aux mètres et les statues en plâtre des mouleurs de la rue Basfroi qui ornaient les murs du cabinet ; Billion entra, il était furieux : — Comprenez-vous, me dit-il, que mes vauriens de figurants vont boire chez le marchand de vins à côté, sans retirer les bottes que je leur fournis pour figurer ; quelques-uns même vont se promener en ville avec ; ils vont être bien attrapés, je viens de faire enlever toutes les semelles!!

Laferrière, amateur éclairé, fréquentait la salle Drouot, les jours de vente des grandes galeries ; il finit par persuader Billion qu'un richissime directeur comme lui devait avoir des tableaux de maîtres dans son cabinet et qu'il devait reléguer au grenier ces affreuses images d'Epinal qui l'ornaient.

Billion se fit bien tirer l'oreille, mais sa vanité l'emporta sur son avarice ; il chargea Laferrière de lui acheter des tableaux. Après bien des recherches, il fit l'acquisition d'une toile splendide, du *Dominiquin* ; il la fit transporter avec des soins infinis dans le cabinet de Billion, et alla aussitôt lui faire visite, heureusement, car, en arrivant, quelle ne fut pas sa stupéfaction, son indignation, en entendant Billion donner l'ordre à un domestique de rogner un coin de la toile, pour qu'on puisse la caser dans l'angle du cabinet.

— Couper ce chef-d'œuvre, s'écria l'artiste, les cheveux hérissés de stupeur, y pensez-vous, mon cher ?

— Il est trop grand, je ne peux pas faire démolir le mur.

— Mais, c'est du *vandalisme*.

— Non, il est signé du *Dominiquin*.

— Vous ne me comprenez pas, ce serait un crime de toucher à ce chef-d'œuvre.

— Bah ! une figure de plus ou de moins !...

Laferrière eut toutes les peines du monde à détourner Billion de son barbare projet. Il est donc bien vrai que les artistes ont leurs douleurs posthumes !

Michel Anézo avait écrit un drame : *La Tour d'Auvergne;* il le porta à Billion.

— Qu'est-ce que c'est q'ça? lui dit l'illustre directeur.

— C'est une pièce militaire, répondit l'auteur.

— Vous vous f...ichez de moi, dit Billion, je connais mieux *La Tour d'Auvergne* que vous; chaque fois que j'ai besoin d'une grue, c'est là que je vais la chercher !

Billion confondait le théâtre de la Tour-d'Auvergne avec le premier grenadier de France !

Une autre fois Anézo vint lire à Billion une pièce en vers en trois actes, intitulée : les *Chansons de Nadaud;* le régisseur dit au directeur :

— Ces messieurs vont lire leur pièce, il faudrait des verres et de l'eau sucrée !

— Des verres, de l'eau sucrée, dit Billion; jamais pour une pièce en trois actes !

Au second acte, la mise en scène exigeait un lustre avec des bougies allumées. Anézo lut la scène; tout à coup Billion l'arrêta :

— Coupez-moi ça, dit-il, c'est trop long, ça brûlerait trop de bougies !

La Gaîté

C'est Nicolet, le grand Nicolet, célèbre dans les

foires de Saint-Germain et Saint-Laurent, qui fonda en 1759 le théâtre de la *Gaîté*.

Son répertoire n'était composé que de pièces grivoises; aussi eut-il dès les débuts un grand succès à la Cour et par la ville; on ne jurait que par Nicolet.

La *Gaîté* avait son Molière : c'était un acteur nommé Taconnet; il était inimitable dans les rôles d'ivrogne et de savetier. Il était, disait Préville, si complaisamment comique, qu'il eût été déplacé dans les cordonniers! Quand il voulait exprimer le suprême degré de son mépris pour quelqu'un, il disait :

— Je te méprise comme un verre d'eau.

L'Opéra, qui voyait d'un œil jaloux la faveur dont jouissait Nicolet et sa rapide fortune, lui fit interdire la parole, c'est-à-dire qu'il dut abandonner les pièces dialoguées pour en revenir à la pantomime et aux danses de corde.

Cette interdiction dura depuis 1769 jusqu'en 1772, date à laquelle la troupe de Nicolet fut appelée à donner quelques représentations devant la Cour, réunie au château de Choisy.

Mme Dubarry fut si charmée de ce spectacle qu'elle fit donner à Nicolet le titre de *Théâtre des Grands-Danseurs du Roi*.

Nicolet fut le premier directeur qui, en 1777, donna une représentation au bénéfice des malheureux incendiés de la foire Saint-Laurent.

Le *Théâtre des Grands-Danseurs du Roi* prit, en 1792, le nom de *Théâtre de la Gaîté*.

En 1795, ce nom fut changé en celui de *Théâtre d'Émulation*.

En 1798, la veuve de Nicolet lui rendit son nom de *Théâtre de la Gaîté*.

La féerie du *Pied-de-Mouton*, première pièce de ce genre, y fut représentée en 1806, on peut dire que tout Paris vint la voir.

En 1808, Bourguignon fit construire une nouvelle salle sur l'emplacement de l'ancienne; le 21 février 1835, elle fut entièrement brûlée; neuf mois plus tard elle était reconstruite.

La *Gaîté* alternait les féeries avec les sombres mélodrames, Bouchardy et Dennery étaient ses fournisseurs attitrés; le *Sonneur de Saint-Paul*, les *Orphelins du Pont Notre-Dame*, la *Berline de l'Émigré* obtinrent des succès de larmes. Il fallait voir les mouchoirs fonctionner lorsque le traître assassinait la jeune première, ou enlevait les enfants; les habitués mêmes s'y laissaient prendre :

— Oh! la canaille, criait une voix du paradis, sauve-toi, la petite !

Il arrivait certain soir que la foule attendait le traître à la sortie des artistes pour lui faire un mauvais parti.

Chilly jouait le rôle de *Rodin* dans le *Juif Errant*, à l'Ambigu; après la représentation, plus de deux cents spectateurs l'attendirent et faillirent l'écharper; il fallut l'intervention des municipaux de service pour l'arracher de leurs mains. Chilly racontait cet épisode avec orgueil; il avait raison, car aucun acteur ne l'égala dans ce rôle écrasant.

Un soir, dans je ne sais plus au juste quelle pièce, dans la *Poudre de Perlimpinpin*, je crois, au troisième acte, un officier des gardes annonça aux seigneurs assemblés : — Messieurs! le roi; tout aussitôt, un gamin du parterre cria : — Je le marque! Hilarité générale, qui d'ailleurs ne troubla en rien les acteurs, car ils étaient habitués à ce genre d'interruptions, heureux quand elles n'étaient pas grossières.

La grosse Clarisse Miroy jouait certaine reine de féerie, son énorme poitrine faisait craquer son corset, et ses seins retombaient en cascade au dehors, chaque fois qu'elle faisait un mouvement.

Un enthousiaste de Clarisse disait à Mélingue : — Quelle riche nature; impossible de voir rien de plus beau. — Vous avez raison, dit l'artiste, je ne me rappelle pas avoir rien vu de pareil..... depuis ma nourrice.

A un moment donné, Clarisse était en tête à tête avec le jeune premier, qui lui jurait de l'aimer éternellement; à l'arrivée de son mari, retour d'une campagne guerrière, elle devait s'évanouir et son amant devait l'emporter dans une pièce voisine; le roi arriva, elle s'évanouit et glissa de son fauteuil sur la scène; le jeune premier, mince comme un roseau, essaya de la soulever, mais malgré des efforts surhumains, il ne pouvait y parvenir; les spectateurs riaient à se tordre; un voyou lui cria : — Va chercher une voiture à bras! un autre : — Fais-en deux voyages!... Le roi, qui regardait cette scène, ne savait quelle contenance tenir; pour sauver la situation, il eut une inspiration : — Coupe-la en morceaux! dit-il au jeune premier. Un tonnerre d'applaudissements éclata, et la pièce continua sans encombre.

C'est peut-être ce soir-là que Billoir puisa l'idée de découper la Le-Manach.

En voilà un que le théâtre n'a pas moralisé!

Les avant-scènes du rez-de-chaussée du théâtre de la Gaîté étaient certainement les plus sombres de tous les théâtres de Paris; il arriva dans l'une d'elles, un certain soir, une aventure qui défraya pendant longtemps toutes les conversations des salons du high-life.

M. de X... ne savait pas résister aux charmes d'une femme, pourvu que ce ne fût pas la sienne; il s'était fait dans le demi-monde la réputation d'un très bon garçon, et il vivait largement de cette réputation et sur son capital; dans son ménage, l'infidélité était à l'ordre du jour et de la nuit.

Mme de X... trouvait chez les hommes des qualités remarquables que son mari lui dissimulait avec un soin pieux; à supposer qu'il les eût, elle réussissait à faire des infidélités de M. de X..., un manteau pour les siennes, et, dans les heures d'épanchements intimes, elle chargeait son époux de toutes les iniquités du ménage. Heureusement qu'il avait bon dos.

Un jour, vers deux heures, M. de X... sortit avec le calme que donnent une âme pure et un bon déjeuner, et alla, par habitude, fumer son cigare, chez Mlle A..., une ingénue, qui ne l'était que les soirs où elle jouait au théâtre de la *Porte-Saint-Martin*.

Mlle A... habitait, rue de Douai, un entresol, que plusieurs ruines avaient meublé ; il était d'un mauvais goût qui plaisait, comme une juste vengeance ; elle reçut M. de X... du fond d'un excellent divan, où elle se reposait d'un maquillage consciencieux.

— As-tu la loge pour ce soir? lui demanda-t-elle au bout de quelques minutes consacrées à des cancans ineptes.

— Oui, dit M. de X....

Il chercha dans sa poche et ne la trouva pas.

— Oh! ça ne fait rien du tout, dit-il, c'est le n° 5, avant-scène, du rez-de-chaussée.

— En es-tu sûr?

— Oui, absolument.

— En ce cas, je ferai dire à Paul, si tu veux, de venir avec Nini.

— C'est parfait.

Tout était convenu, M. de X... demanda à

Mlle A... où il lui plairait de dîner; la pria de fixer l'heure, puis il alla se promener au bois.

A dix heures du soir, M. de X..., qui avait glorieusement dîné, arriva à la Gaîté, ayant à son bras Mlle A..., les yeux pleins de cette sentimentale langueur que distille un bordeaux grand cru, ils demandèrent l'avant-scène n° 5; l'ouvreuse, après un moment d'hésitation, répondit : il y a deux personnes déjà !

— C'est Paul, dit M. de X...

L'ouvreuse ouvrit la porte de la loge qui était plongée dans une obscurité profonde; les deux stores étaient levés si haut qu'ils pouvaient monter, et deux personnes, les mains dans les mains, un homme et une femme, naturellement, absorbés par la pièce, n'avaient même pas entendu ouvrir la porte de la loge.

M. de X... s'effaça pour laisser passer Mlle A..., qui entra, s'approcha de la femme et lui mit la main sur l'épaule.

— Bonjour, Nini ; y a-t-il longtemps que tu es là?

Cependant, M. de X.. criait à l'oreille du jeune homme : Bonsoir, mauvais sujet ! Les deux amoureux se retournèrent. Tableau !

La jeune femme poussa un cri et chercha de toutes ses forces à s'évanouir ; M. de X... resta la bouche béante ; le petit jeune homme, pâle comme la mort, regardait la porte de la loge.

C'était Mme de X..., à qui un domestique avait

apporté le coupon de la loge trouvé par terre dans la salle à manger.

Elle avait cru à une galanterie de son mari et avait immédiatement fait prévenir un jeune vicomte de ses amis qu'elle irait le prendre au club à huit heures.

Grâce au vin qu'il avait bu, M. de X... s'en tira à merveille ; il reprit son sang-froid, s'inclina devant sa femme et lui dit : — Pardon, madame, je me trompe, ou plutôt on m'a trompé !

Et il sortit fier comme Ménélas.

Les Funambules

A partir de 1830, tout comme les *Délassements-Comiques*, jouèrent de petits vaudevilles et des pantomimes arlequinades.

Debureau fit la fortune de ce théâtre ; il n'est pas un Parisien qui ne se rappelle le célèbre mime.

Debureau fut le plus admirable polyglotte qu'on pût imaginer, car il savait faire comprendre ses moindres pensées dans toutes les langues ; son manque d'organe le servit merveilleusement, car ce n'est qu'après d'inutiles efforts pour jouer la comédie qu'il songea à tenter la pantomime. La nature fait bien ce qu'elle fait : c'est surtout la mimique qui était remarquable chez Debureau ; sa physionomie était peu expressive, tout le contraire de Paul Legrand.

Kalpestri, qui était la doublure de Debureau et qui lui succéda, eut peu de succès.

C'est que la pantomime était en décadence ; le public commençait à délaisser Arlequin et Colombine pour les cafés-concerts ; Gavroche ne riait plus quand Pierrot rossait Cassandre.

La *Revue* avait envahi la place, les maillots roses convenaient mieux aux spectateurs.

Les *Funambules* avaient un public spécial, le bon marché des places attirait les apprentis des faubourgs du Temple et Saint-Antoine, qui économisaient sur la nourriture de la journée pour s'offrir un parterre ou une galerie ; *la noce* était complète, quand ils pouvaient se régaler d'un chausson aux pommes arrosé d'un verre de coco.

Un soir, on jouait *Les Amours de Pierrot* : à la première galerie se trouvaient un brave paysan et sa femme, tous deux se regardaient avec effarement. — Comprends-tu, disait l'homme ? — Non, répondait la femme. Tous deux s'impatientaient visiblement. A la fin, la femme, n'y tenant plus, se leva, et, s'adressant à Pierrot, elle dit : — Mon bon monsieur, vous ne pourriez pas parler plus haut, mon homme est un peu sourd ! Aussitôt une avalanche de trognons de pommes tomba sur le malheureux couple, qui dut s'enfuir en toute hâte.

On n'était pas gêné aux *Funambules* ; les spectateurs, en fait d'étiquettes, ne connaissaient guère que celles qui parent les bouteilles des distillateurs; ils causaient volontiers avec les acteurs, sans façon, à la bonne franquette; les entr'actes étaient égayés par des chants qui ne rappelaient pas précisément le *Lac*, de Lamartine, ou les *Orientales*, de Victor Hugo; je me souviens d'une chanson qui fit fureur en son temps; elle avait un nombre de couplets interminable; je choisis le plus propre :

> Souviens-toi de la Doche,
> D'elle et de ses appas;
> Si son cœur est de roche,
> Ses tétons n'en sont pas.
> Pauvre oiseau, tu te glisses
> En son lit parfumé;
> Tu .... *goûtes* avec délices,
> Et tu en sors .... *plumé*.

Et tous les spectateurs reprenaient en chœur : « Et tu en sors .... plumé. »

En 1848, Timothée Trimm avait collaboré à une Revue dans laquelle les républicains étaient malmenés d'une jolie façon. Un tableau, qui représentait les *Femmes Saucialistes*, donnait lieu chaque soir à des scènes tumultueuses.

Un soir, Timothée avait eu la malencontreuse idée d'assister à la représentation; le tapage avait été plus violent que de coutume. Il avait été reconnu; ses amis l'exhortaient à ne pas sortir, pour éviter les gourdins des *frères et amis* qui ne manqueraient pas de l'attendre dans la rue. On avait vu d'ailleurs devant la porte une bande de montagnards qui se promettaient de l'assommer.

Le directeur insista pour qu'il couchât au théâtre, tous le suppliaient de se faire au moins accompagner. Il ne voulut rien entendre; mais à peine eut-il mis le pied dehors, qu'il commença à s'en repentir. La troupe aux gourdins, ornée de barbes farouches, était là, en effet; et, sur un signe de celui qui paraissait en être le chef, elle se mit à le suivre silencieusement.

Néanmoins il se dirigea vers les boulevards pour gagner la rue Godot-de-Mauroi, où il demeurait. La troupe emboîtait le pas derrière lui, tournant à droite quand il tournait à droite, à gauche dès qu'il allait à gauche. — Il y a trop de monde pour qu'ils osent commencer, pensait Timothée; mais au premier endroit désert, gare à moi! Ils arrivèrent place de la Madeleine, il était une heure et demie du matin; elle ressemblait à un désert. — Nous y voilà, pensa-t-il. — Effectivement, la troupe se rapprochait. Il croyait déjà sentir la pluie de bâtons sur ses épaules; mais il réfléchit qu'on aurait tout le temps de le massacrer sur cette place. Cette réflexion désagréable lui donna des ailes. Il se mit tout à coup à bondir, la troupe bondit derrière lui; il courait, volait, la troupe en faisait autant; elle était sur ses talons, acharnée à sa proie.

La terreur doublait ses forces; mais c'était une chasse ardente et furieuse : il était traqué comme par des limiers.

Enfin, il aperçut sa porte. Il se précipita, frappa un coup de marteau retentissant; le concierge ouvrit. — Sauvé. — La bande s'arrêta à distance; mais le chef, ruisselant de sueur, s'en détacha, et arrêtant la porte avec son pied au moment où elle allait se refermer :

— Monsieur Lespès, dit-il, auriez-vous, avant de rentrer, l'obligeance de nous signer un petit certificat?

— Quel certificat!

— Comme quoi nous avons bien rempli la mission que nous a confiée le citoyen Caussidière.

— Caussidière !

— Oui, monsieur Lespès, il a ri comme un bossu à votre pièce, et sachant qu'il y avait des féroces qui parlaient de vous apprendre à coups de bâton le respect de la République, il nous a commandé de vous escorter, afin qu'il ne vous arrivât pas de mal. Voilà pourquoi nous vous avons suivis avec nos gourdins, prêts à faire un mauvais parti à celui qui vous aurait touché seulement un cheveu. Mais c'est égal, vous pouvez vous vanter de nous avoir diablement fait courir.

Théâtre des Délassements-Comiques.

Beauvisage, un saltimbanque qui desservait la foire Saint-Laurent, comme Cochery ou Becker de nos jours à la foire aux Pains d'Épices, obtint, en 1768, l'autorisation d'ouvrir une salle de spectacle qui prit le nom de *Théâtre des Associés*. La parade se faisait à la porte pour amasser la foule.

L'arlequin Sallé remplaça Beauvisage et changea le nom de la salle : *Théâtre patriotique du sieur Sallé* fut la nouvelle dénomination.

Prévôt, comédien de province, succéda, en 1795, à Sallé. La salle s'appela : *Théâtre sans prétention*; il fut fermé en 1807 et remplacé par le *Café d'Apollon*.

Mme Saqui, la célèbre danseuse de corde, obtint la réouverture du théâtre en 1815 ; elle engagea une troupe d'acrobates et de mimes ; cela dura jusqu'en 1830. A cette époque, les exercices de voltiges furent remplacés par des vaudevilles et des drames.

En 1841, la salle fut démolie ; quelques mois plus tard elle était reconstruite et inaugurée sous ce titre : *Théâtre des Délassements-Comiques*.

Pendant la révolution de 1793, la bande de voyous sans-culottes qui fréquentait assidûment le théâtre de la *Gaîté* l'ayant trouvé clos un soir, alla s'installer en masse au *Théâtre sans prétention*.

On donnait *Cinna*.

Ces messieurs, croyant qu'on critiquait leurs chefs ou leurs complices, dans chaque rôle de conjuré, se mirent à crier : A bas l'auteur !... A bas !... A la guillotine !...

Au fort du tumulte, un acteur s'avança, salua et fit mine de parler.

On se tut.

— Citoyens, dit-il, l'auteur n'est point coupable; c'est un nommé Corneille, mort il y a cent ans.

— Eh bien, crièrent les drôles, s'il est mort, nous n'avons que f..... de ses pièces.

— Pourquoi ne pas nous donner *Charles IX*, demanda un citoyen en bonnet rouge; l'auteur se porte bien, lui, parlez-moi de ça.

Aussitôt toute la bande de demander à grands cris *Charles IX*.

— Mais, citoyens, nous ne savons pas la pièce.

— Eh bien! lisez-la.

La pièce fut lue et les acteurs couverts d'applaudissements.

De 1841 jusqu'à sa démolition, une infinité de directeurs tentèrent la fortune aux *Délassements-Comiques;* le plus marquant de tous fut Sari, l'inénarrable Sari, le fondateur des *Folies-Bergère*.

Sari fut sans cesse aux prises avec les plus cruelles difficultés; il manquait toujours d'argent. Alors qu'il était plus gêné que de coutume, un ami lui trouva un bailleur de fonds qui consentait à mettre une somme assez ronde dans son théâtre.

Sari habitait l'été l'île d'Amour, en pleine Marne.

L'ami fit part à Sari de sa précieuse découverte, il insista pour qu'on lui amenât l'oiseau rare passer le dimanche suivant à l'île.

Ce bailleur, ancien notaire de province, était un homme chauve, d'aspect vénérable, à la cravate blanche, aux lunettes d'or ; le type du parfait bourgeois.

On arriva dans l'île ; l'ami, contrarié de ne pas avoir vu le maître du logis venir à leur rencontre, demanda à un jardinier où il se trouvait :

— Là-bas, derrière la charmille, dit le jardinier ; monsieur *compte son linge*.

— Diable ! M. Sari est un homme d'ordre..., murmura l'ancien notaire avec satisfaction.

L'ami et lui avancèrent, et ils tombèrent sur Sari, vêtu d'un bonnet de coton et d'un caleçon de bain, et entouré d'un essaim de belles filles aussi peu vêtues que lui, achevant assis sur l'herbe, au bord de l'eau, un déjeuner plantureux sous les lilas en fleurs.

C'est ce que son jardinier traduisait par ces mots : *Monsieur compte son linge*.

L'ami devint rouge, le bailleur cramoisi ; notez que ce dernier était en habit noir et qu'il avait des gants.

Il fut invité à s'asseoir ; tout naturellement il n'y avait pas de chaises.

— Cherche pas mon loulou, dit Suzanne, assieds-toi sur mes genoux ; t'auras pas tous les jours un fauteuil aussi rembourré.

Le notaire court encore.

MM. Ernest Blum et Alexandre Flan étaient les fournisseurs attitrés des *Délas Com...* ; ils y firent jouer, avec un grand succès, les *Photographies comiques, A vos souhaits,* le *Voyage en zigzag, Paris-Journal,* etc., etc. C'est dans le *Voyage en zigzag* que débuta comme danseuse Eugénie Colombat.

Alphonsine, du *Lazzari,* passa aux *Délassements-Comiques.* C'est de cette époque que datent ses succès; elle fut promptement remarquée et créa le genre qui porte son nom.

Alphonsine était une véritable artiste endiablée, qui jouait avec une verve sans égale; beaucoup, depuis, tentèrent de l'imiter, mais aucune ne réussit.

Un peu plus tard, Mélanie eut une grande vogue, mais ce n'était pas à son talent qu'elle la dut, c'était à sa plastique : boulotte, faite au tour, de beaux yeux, d'admirables cheveux. Toujours court-vêtue, elle était sans rivale pour, en s'asseyant, relever ses jupes et faire voir aux habitués de l'orchestre une paire de jambes et un peu plus, que d'aucuns devaient souvent revoir dans leurs rêves.

Plus d'une fois, Gavroche, du paradis, lançait une exclamation du genre de celle-ci : La toile, ou je m'en vas! ou bien encore : Plus haut! plus haut!

Alors Mélanie souriait et abaissait chastement ses jupes en baissant les yeux. Je crois, Dieu me pardonne, qu'elle arrivait à rougir; alors c'étaient des applaudissements et des trépignements à n'en plus finir. On l'avait surnommée Mélanie Montre-Tout !

Il fallait peu de chose, à cette époque, pour *prendre* son public.

Gabrielle Moisset débuta aux *Délassements-Comiques* sous le nom de Gabrielle Méry. Rien alors ne faisait pressentir qu'un jour elle aurait du succès à l'Opéra-Comique pour... ses diamants. Il est vrai qu'alors elle était si jeune !

La grande illustration des *Délassements-Comiques* fut *Rigolboche*.

Cette célèbre chahuteuse dansait à Bullier : les étudiants la connaissaient sous le nom de *Marguerite la Huguenote*.

Ce nom lui venait de ce qu'elle *protestait* sans cesse quand le municipal la rappelait à l'ordre ou plutôt à la décence.

Marguerite pressentait notre époque de naturalisme lorsqu'elle répondait au représentant de l'autorité : « Tu t'en ferais crever, ma petite vieille, que je ne lève pas la jambe ; ça m'est recommandé par mon médecin. »

Ce fut le critique Fiorentino qui lança Marguerite. Elle débuta aux *Délassements-Comiques* en 1860, sous le nom de *Rigolboche*. Bientôt elle fut baptisée par les habitués du paradis, *Rigolbamboche*; les intimes la nommaient *Bo-boche*.

Ses débuts furent une solennité, le « Tout-Paris » était là au grand complet; jeunes boudinés et vieux crevés avaient envahi l'orchestre ; les moins favorisés étaient dans les loges. Dame, de l'orchestre on *voyait* mieux !

Rigolboche était une Aspasie de cinquantième ordre, laide comme le péché mortel, sans grâce, sans esprit, puisant ses inspirations fantaisistes dans l'absinthe ; tout son talent consistait à lever la jambe et à chahuter. Ce n'était pas du nouveau ; dans le plus ignoble des bals de barrière, on pouvait en voir autant pour deux sous.

Pendant une année, *Bo-boche,* pour les dames, eut un succès fou ; elle publia ses Mémoires, fabriqués par un homme de lettres aujourd'hui chevalier de la Légion d'honneur, et rédacteur, depuis quinze ans, d'un journal radical.

Rigolboche, tant l'imbécillité de certaines gens est grande, était assaillie de déclarations ; plusieurs fils de famille faillirent se brûler la cervelle pour elle, plusieurs parlaient de l'épouser, pas à la fois, ce qui ne l'aurait pas effrayée, mais sérieusement, devant le maire.

Je vois d'ici *Rigolboche* en toilette de mariée, la fleur d'oranger au côté, pinçant un cavalier seul en allant à l'église !

Son rêve, une fois sa fortune faite, était d'épouser un commandant retraité, officier de la Légion d'honneur, et de devenir dame de charité, tout comme la Capitaine de recrutement, de joyeuse mémoire.

Ce rêve s'est-il réalisé ?

Les *Délassements-Comiques*, une fois démolis, furent transportés au boulevard Voltaire, au coin de la rue d'Angoulême. Pendant la Commune, Raoul Rigault, le farouche procureur, y siégeait chaque soir et était devenu amoureux, qui le croirait? d'une jeune actrice nommée Marie Dupin.

Cela ne sauva pas les *Délassements*, qui furent incendiés les derniers jours de mai!

Les Variétés-Amusantes

En 1779, à l'angle de la rue de Bondy et du boulevard du Temple, il existait un théâtre qui portait le nom de *Variétés-Amusantes*. Le privilège en avait été accordé à un acteur nommé Lécluze.

Il voulait faire revivre dans sa salle le genre populaire et les scènes de *Vadé*. Il excellait dans le rôle des poissardes.

Lécluze était protégé par le lieutenant de police Lenoir; grâce à lui, les *Variétés-Amusantes* devinrent promptement le théâtre à la mode.

En 1788, sur l'emplacement qu'occupe aujourd'hui la *Comédie française*, il existait une méchante baraque en planches de bateau, et, à cause de cela, nommée vulgairement les *Variétés de Bois*. Ce titre-là, pourtant, ne figurait pas sur le frontispice; on y lisait : *Théâtre des Variétés-Amusantes*.

Dulaure, le moins exact des historiens de Paris, dit que Lécluze quitta le boulevard du Temple en

1786 pour s'établir au Palais-Royal, parce que le spectacle des *Variétés* prétendait à la dignité de second théâtre français. Il est bien extraordinaire que les acteurs des *Variétés-Amsuantes* aient préféré une baraque en planches à la jolie salle du boulevard du Temple, dans laquelle ils pouvaient facilement attendre la construction du *Théâtre-Français*, tel qu'il est aujourd'hui, construction qui fut terminée en 1790, et qu'ils occupèrent jusqu'en 1792.

Quoi qu'il en soit, les *Variétés-Amusantes* retrouvèrent au Palais-Royal leurs succès du boulevard du Temple. *Vadé* et le genre poissard avaient fait place à de fort jolies pièces, parmi lesquelles : *La Nuit aux Aventures*, *Ricco*, *Guerre ouverte* et *Jérôme Pointu*.

A propos de cette dernière pièce, Dulaure dit que Volange brillait dans le rôle des *Jeannot* et des *Pointus*, il prend pour des *rôles* le *titre* d'une pièce.

Picard, comme Molière, était en même temps auteur, acteur et directeur.

Au premier rang se trouvait l'acteur Bordier, qui jouait dans la perfection les rôles de Jocrisses, mais surtout les Arlequins. De toutes les pièces dont il fit le succès, aucune n'eut autant de succès qu'*Arlequin, Empereur dans la Lune*.

Dans l'une des scènes du dernier acte, où Arlequin, dépouillé de sa grandeur d'Empereur, est mis, pour je ne sais plus quel méfait, entre les mains de la justice lunaire, le pauvre Bergamasque, représenté par Bordier, s'écriait tristement :

— Vous verrez que pour arranger tout cela, je finirai, moi, par être pendu !

Bordier prononçait ces paroles avec un ton de désespoir si comique, que tous les spectateurs riaient aux éclats; il ne se doutait guère, ni les spectateurs non plus, que cette funeste prophétie, lazzi d'Arlequin, ne tarderait pas à se transformer pour lui en une affreuse réalité.

Il fut pendu à Rouen, en face de la rue Grand-Pont, dans les derniers jours de 1789.

Le Petit Lazzari

De 1789 à 1792, ce théâtre fut dirigé par un Italien appelé *Lazzari*, qui y mimait le rôle d'Arlequin avec un grand talent; il prit alors le nom de l'acteur aimé.

En 1798, la salle fut incendiée et le pauvre Arlequin ruiné se tua de désespoir.

Vers 1815, le *Petit Lazzari* était un théâtre de Marionnettes.

En 1830, il devint un vrai théâtre avec de vrais acteurs.

Mais quels acteurs, bon Dieu !

Il faut croire que le public les trouva bons tout de même, car ce théâtre ne cessa d'avoir une vogue soutenue, à tel point qu'on y donnait deux repré-

-sentations par soirée ; il est vrai que le bon marché du prix des places entrait bien pour quelque chose dans le succès du *Lazzari;* pour trois sous on pouvait s'offrir un parterre, l'orchestre coûtait quatre sous, et les loges quinze sous !

Tout le monde se souvient de l'homme que le *Nouveau Journal* avait placé à la porte de ses bureaux, boulevard Montmartre, et qui arrêtait les passants en leur disant : — Ne partez pas sans lire le sommaire. Alphonse Millaud n'avait rien inventé ; ce n'était qu'une réminiscence du *Lazzari*. A la porte du *Lazzari* se tenait *Bambochinet;* il était chargé d'amasser la foule, et de la retenir par ses lazzis jusqu'à l'ouverture du théâtre.

Il racontait les quatre ou cinq premières scènes d'une pièce qui figurait sur l'affiche du jour ; puis, lorsque ses auditeurs, bouches béantes, attendaient la fin, il s'arrêtait brusquement... — Entrez, disait-il, vous verrez la suite !

Au *Lazzari* pas d'engagements ; les acteurs étaient payés à la semaine : dix francs, quinze francs, vingt francs au plus !

Cette somme minime épargna pourtant à bien des artistes devenus célèbres, les horreurs de la faim.

Tous ces théâtres, à l'exception du *Théâtre Historique,* furent démolis en 1862.

. . . .

Pendant plusieurs années on vit, à l'heure où le

Petit Lazzari avait l'habitude de commencer ses représentations, un petit vieillard qui s'asseyait sur un banc, en face l'emplacement qu'avait occupé le *Lazzari ;* il avait une baguette à la main, les moutards formaient cercle autour de lui; alors il se levait, montait sur le banc et, étendant le bras, il disait : — Vous allez voir ce que vous allez voir, un lapin qui bat du tambour ; un âne qui devine la personne la plus amoureuse de la société ; un chameau venu au monde sans bosse; le perroquet de la reine de Sabbat; une baleine du corset de sainte Gudule; ensuite, regardez, ceci vous représente... Une larme tombait de ses yeux... Ah! mon Dieu, disait-il, ça n'y est plus.

C'était le pauvre *Bambochinet*, qui ne pouvait se résoudre à quitter son boulevard chéri. Il mourut sur son banc favori.

II

Le Café de l'Union. — Félix Régamey. — Léonce Petit. — Courbet et la Colonne. — Lemoyne. — Tridon et l'art de payer ses dettes à coups de fusil. — Albert Glatigny. — Mon dernier sou. — Vermersch. — Jules Vallès et le Lapin anthropophage. — Pipe-en-Bois et le vicomte de Buci. — Constance et l'Homme à la Tête de bois. — Cagliostro et la Fille du Roi. — Le général déserteur et la Carotte patriotique. — Ernest d'Hervilly. — Un Melon qui m'a bien trompé. — Puissant et la Loterie. — André Gill.

Dans la rue de l'Ancienne-Comédie, à gauche, se trouve la rue Monsieur-le-Prince. Vers 1867, au n° 15, existait une brasserie qui portait pour enseigne : Café de l'Union.

Les passants qui flânaient par là, à l'heure crépusculaire où on allume les premiers becs de gaz, s'arrêtaient surpris du bruit étrange qui se faisait dans cette boutique. Les vitres tremblaient ; c'était à croire qu'il y avait dans la salle une légion de consommateurs.

Si le passant curieux regardait avec persistance à travers les carreaux, il parvenait à distinguer au milieu d'un brouillard de fumée opaque, une salle étroite, grande comme une chambre à coucher, meublée de petites tables rondes; pour sièges, des chaises en bois blanc; aux murs, étaient accrochés un grand nombre de tableaux; au milieu de la salle, un énorme poêle de faïence; s'il écoutait, il entendait se choquer des paradoxes échevelés, et, comme des flèches, partir de tous les coins des apostrophes les plus saugrenues.

Si le passant entrait, il pouvait constater la puissance du larynx humain; d'après le bruit qu'il avait entendu de la rue, il soupçonnait la présence d'une centaine de personnes, à peine se trouvait-il en face d'une douzaine.

Le passant, timide, effarouché, restait ébahi, sans oser avancer ni reculer; il était frappé des têtes singulières qui l'environnaient, et semblait se demander : Où suis-je, bon Dieu?

Il y avait là une couleur locale qu'on eût vainement cherchée ailleurs.

C'est qu'en effet, de même qu'autrefois, le cabaret du père Andler était l'*antre du réalisme*, cette brasserie était l'antre des dessinateurs, génération nouvelle entée sur une autre plus ancienne.

On y rencontrait la plupart de ceux qui firent le

succès des journaux jeunes, auxquels les anciens durent faire place.

Félix Régamey, auquel *La Vie Parisienne* dut ses plus charmantes illustrations signées Y..., qui affirmèrent le succès dès les premiers numéros.

Régamey était un farouche démocrate à tous crins, ce qui ne l'empêchait pas de dessiner pour un journal de cocottes et de... femmes du monde.

Léonce Petit, qu'il ne faut pas confondre avec Alfred, plongeait sa barbe d'un blond rutilant dans les choses *les plus variées.*

Le spirituel dessinateur des *Noces bretonnes,* au *Journal amusant,* trouva au fond *d'un verre de bière d'autrefois* les types cruellement burlesques du *Monsieur Tringle,* de Champfleury.

Léonce Petit est mort à la peine, sur la brèche, laissant une œuvre qui le place entre Daumier et Gavarni, sans toutefois ressembler ni à l'un ni à l'autre, car c'était un artiste original qui avait créé un genre ; il pourra trouver des imitateurs, mais jamais il ne sera surpassé.

De temps à autre, Courbet faisait une descente au *Café de l'Union ;* il venait goûter la bière en compagnie de son critique ordinaire Castagnary. A peine arrivé et assis, il était entouré de tous les consommateurs, empressés de serrer la main du maître peintre d'Ornans, dont la bonhomie mettait tout le monde à l'aise.

Dans ses jours de joyeuse humeur, Courbet

chantait de vieilles chansons franc-comtoises et les *Bœufs*, de Pierre Dupont.

Par exemple, il ne fallait pas amener la conversation sur le terrain politique ou sur la peinture, parce qu'aussitôt il entrait dans une épouvantable colère.

Un jour, un ami le rencontra place Vendôme, il était arrêté devant la colonne et paraissait absorbé dans des calculs profonds.

— Que fais-tu là? lui dit l'ami.

— Je suppute, dit-il, ce qu'on pourrait faire de pièces de deux sous avec ce bronze inutile !

Il rêvait déjà le déboulonnement !

A propos de la Colonne, des polémiques à perte de vue s'engagèrent sur les mobiles qui avaient guidé Courbet pour la faire abattre; il ne faut pas s'imaginer qu'il l'ait fait pour une raison politique; c'était pour faire plaisir à un ami, qui lui avait écrit ceci :

« Bravo, ma vieille ! débarrasse-nous de ce stupide mor-
» ceau de bronze contre lequel on va toujours se cogner
» la nuit quand, en sortant du café, on veut rentrer chez
» soi ! »

Un jour, visitant le Salon, il s'arrêta devant l'*Arion* qui avait obtenu la médaille d'honneur.

Arrivé à cinq pas du groupe, Courbet mit devant ses yeux sa main puissante, en guise d'abat-jour et, d'un ton indéfinissable :

— Qu'e c'est qu' ça? dit-il à l'ami qui l'accompagnait.

— Ça, fit le confident, c'est *Arion*.

— Un Grec?

— Un Grec..... avec sa lyre (Courbet leva les mains au ciel) sauvé par un monstre marin que ses chants ont charmé.

— Et qu'est-ce qui raconte cette belle histoire?

— Je crois que c'est Hérodote, dit l'ami.

— Eh bien, dit Courbet, en se détournant avec un mouvement d'épaules d'une envergure incommensurable et un sourire grand comme le monde, en fait de sauvetage, je viens de lire dans le *Petit Journal* l'histoire d'un cuirassier sauvé par un chien au-dessous de Chaillot. J'en ferai mon tableau l'an prochain dans les dimensions de Robert-Fleury et je te fous mon billet qu'il n'aura pas la médaille d'honneur!

En fait de chien, Courbet n'attachait pas le sien, comme on dit vulgairement avec des saucisses.

Étant à Salins, une dame de la ville vint le prier de vouloir bien faire le portrait de sa fille.

Courbet accepta et l'on convint du prix de cinq cents francs.

Mais après une dizaine de séances, il lui sembla que cinq cents francs c'était une somme trop minime pour une toile signée de lui.

Il était fort embarrassé pour revenir sur la parole donnée. Voici ce qu'il imagina.

Il alla trouver un ami et lui dit :

— Je suis en train de faire un portrait; j'ai eu la

bêtise de ne demander que cinq cents francs, maintenant j'en voudrais mille ; rendez-moi donc le service de venir demain, comme par hasard, rôder dans mon atelier. Vous vous extasierez devant ce portrait, qui est une merveille, du reste, vous m'en offrirez mille francs.

Le lendemain l'ami arrive à l'heure dite. Courbet était en séance.

— Savez-vous que c'est superbe ce que vous faites là ? dit l'ami en s'arrêtant devant le tableau ; je vous l'achète mille francs comptant, certain que je suis de le revendre le double.

— Mais ce tableau n'est pas à vendre, monsieur, interrompit sèchement la dame, c'est le portrait de ma fille.

— Eh bien, je ne retire pas ce que j'ai dit. Il vaut deux mille francs comme un liard.

Quelques jours après le portrait fini, la dame honteuse de ne payer que cinq cents francs une toile qui, de l'avis d'un connaisseur, en valait deux mille, envoya mille francs à Courbet, qui les garda bel et bien ; il satisfaisait à la fois son avarice et son amour-propre. Il était abondamment pourvu des deux.

Le poète Lemoyne faisait de rares apparitions au *Café de l'Union*, il est vrai que ce milieu réaliste et sceptique était peu favorable à lui fournir des inspirations poétiques.

Lemoyne avait une prédilection marquée (comme

poète) pour la femme qui entre dans la seconde jeunesse. Il la peignait toujours fort peu chiffonnée par les caprices du temps.

Dans les *Roses d'antan*, il en décrit une ainsi :

> Elle a vécu, nuit et jour dans la joie ;
> Elle a reçu les rois du monde officiel.
> Plus d'un saint personnage en douillette de soie
> A pris son escalier pour le chemin du ciel.

C'était un ciel que Jacob aurait facilement atteint sans échelle, surtout si la belle restait à l'entresol.

L'austère Tridon, le fondateur du *Candide*, l'admirateur d'Hébert, n'était pas un assidu ; il venait néanmoins quelquefois, à la brune, silencieux, sombre, toutes les allures d'un conspirateur ; il se glissait doucement dans la salle, il se campait derrière les vitres, soulevait un coin du rideau, afin de s'assurer, avant de s'asseoir, s'il n'était pas suivi.

Tous ceux qui s'occupaient de politique alors, avaient la toquade de croire qu'ils avaient à leurs trousses une armée de mouchards.

Tridon fit partie de la Commune ; c'était un convaincu. Riche, il soutint de ses deniers un grand nombre des arrivés d'aujourd'hui.

Il inventa un moyen de solder une facture qui laisse bien loin les combinaisons du légendaire Robert-Macaire ; ce moyen, il est vrai, n'était pas à la portée de tout le monde.

En 1871, le Comité central s'empara sans façon

de l'imprimerie de M. D... Les compositeurs, devant les menaces des fédérés armés, durent subir la loi du plus fort et s'exécuter.

La livraison du travail *commandé* eut lieu, mais vint le quart d'heure de Rabelais : M. D... confia la délicate affaire « de la facture » à son caissier, M. P...

Ce dernier, homme respectable à tous égards, se présenta rue de l'Entrepôt, au siège du Comité ; on le renvoya à l'Hôtel-de-Ville ; l'Hôtel-de-Ville le renvoya au ministre de la guerre. Là, Tridon reçut la requête de M. P..., et, du ton rogue, cassant, qui lui était habituel, il lui ordonna de repasser plus tard.

Deux fois, les jours qui suivirent, même démarche, même réception:

Lassé de ce mauvais accueil, M. P... insista pour qu'on lui fixât un jour.

— Revenez demain, à une heure et demie, lui dit brusquement Tridon.

A l'heure précise, M. P... arriva rue Saint-Dominique ; la « commission militaire » était en séance. Il traversa plusieurs antichambres garnies de colonels, de lieutenants-colonels, d'officiers de tous grades, galonnés sur toutes les coutures. Après avoir attendu longtemps, on finit par l'introduire dans un salon somptueux où délibérait Delescluze avec deux généraux et... Tridon.

Ce dernier se leva en croisant les bras.

— Savez-vous, *citoyen*, que vous commencez à m'em..., cria-t-il à M. P...

— Je ne vous comprends pas, *monsieur*, répliqua M. P..., appuyant sur ce mot, si vous n'avez, ni le respect de moi, ni de vous-même, vous devriez au moins respecter vos collègues.

— Conduisez-moi cet homme dans la cour, dit froidement Tridon à l'un des fédérés de planton.

Dans la cour, stationnait en permanence un peloton d'exécution ; le fédéré, plus humain que son maître, fit prendre à M. P... un escalier dérobé qui le conduisit dehors. Il échappa ainsi à l'impitoyable vengeance de Tridon.

Jamais M. P... ne voulut reporter la facture.

Tridon mourut en exil, à Bruxelles, je crois.

Albert Glatigny, grand comme un jour sans pain, maigre, presque diaphane; la peau pour ainsi dire collée sur les os, était un commensal fidèle du *Café de l'Union* dans les jours de détresse, et ils n'étaient pas rares ; il y trouvait toujours un ami qui partageait la frugale portion de l'amitié ; je me rappelle toujours la joie du pauvre Gringoire, lorsqu'il vint nous annoncer que le directeur de l'Alcazar venait de lui signer un engagement de 600 francs par mois, pour accomplir chaque soir les tours de force poétiques dont tout Paris se souvient.

— Comprends-tu, disait-il à Vermersch, 600 fr. par mois, moi qui n'ai jamais gagné plus de

50 francs en province à jouer les grimes. Combien cela représente-t-il de boudins aux pommes frites ?

La stabilité n'était pas la qualité dominante de Glatigny ; c'était un coureur de grandes routes ; insouciant comme les oiseaux du ciel, et amoureux comme eux de la liberté et de l'imprévu. Aussi, un soir, au moment d'entrer en scène, on chercha le poète partout : il s'était envolé, il avait tranquillement pris le train pour Rouen, oubliant son engagement.

Une après-midi d'hiver, il tombait une neige fine qui pénétrait les piétons jusqu'aux os. La nuit commençait à venir, nous étions au grand complet, entourant le poêle avec une sollicitude marquée. Pierre Dupont nous chantait ses nouvelles compositions : *La Brebis et la Paysanne*. Tout à coup la porte s'ouvrit et Glatigny se précipita dans la salle comme une trombe, tout ruisselant d'eau.

— Faites-moi un peu de place, dit-il en grelottant, je suis trempé comme une soupe.

Il prit une chaise, étendit ses longues jambes et soupira d'aise : Ah ! les veinards, qu'il fait bon ici !

— D'où diable viens-tu dans un pareil équipage ? dit André Gill.

— Voilà la chose. Je revenais d'Argenteuil ; arrivé au pont d'Asnières, je fus accosté par un mendiant qui me demanda l'aumône : je lui donnai un sou. Au moment où je me proposais de passer le pont, un bonhomme courut après moi :

— Votre sou? me dit-il brutalement.

Je fouillai dans mes poches, hélas! je venais de donner le dernier.

— Je n'en ai pas, lui dis-je.

— Alors vous ne passerez pas.

Il me prit par les épaules et me poussa sur la chaussée.

Comment faire? je me déshabillai, je fis un paquet de mes effets que je nouai sur ma tête et je me mis en devoir de traverser la Seine. Je ne sais comment mon paquet glissa, mais lorsque j'arrivai à terre et que je voulus me rhabiller, j'étais littéralement inondé, je pris mes jambes à mon cou et me voilà.

C'est égal, ajouta-t-il, l'autre est plus heureux que moi; avec mon dernier sou, il aura de quoi dîner!

Glatigny aussi est mort.

Vermersch avait établi son quartier général au *Café de l'Union*, toute la journée il crayonnait sur le cahier de la maison une foule de petites lignes flanquées de chaque côté d'une grande marge blanche.

Rien alors, dans ses compositions charmantes, ne faisait prévoir qu'un jour l'agneau deviendrait tigre.

Sur ce cahier on pouvait lire : *Les Voleurs d'auréoles*, pièce qui se terminait ainsi :

> Non ! car nous sommes nés aux pays enivrants
> Des étoiles et des grands aigles,
> Car nous aimons ouïr les doux oiseaux charmants
> Chanter dans les blés et les seigles,
> Car nous voulons enfin — nous l'avons bien gagné —
> Savoir le fond riant des choses :
> Notre acte de naissance, auquel Dieu a signé,
> Dit : Poëtes, frères des roses.
> Allons, la joie ! Allons, les fleurs ! Allons, le jour !
> Dans la mansarde et la chaumière !
> Et qu'un enthousiaste et large chant d'amour
> Monte, immense, dans la lumière !

La révolution n'avait pas desséché alors le cœur du poète. Deux ans plus tard, il adressait à la Commune, en vers ignobles qui suintaient le sang, le reproche de n'avoir pas fusillé assez d'otages, ni brûlé assez de maisons ; de s'être arrêtée aux demi-mesures et de n'avoir pas taillé assez dans le vif.

Quel contraste !

....

> Sur un front de bataille épouvantable et large
> L'émeute se relèvera.
> Là, sortant des pavés pour nous sonner la charge,
> Le spectre de Mai parlera ;
> Il ne s'agira plus alors, gueux, hypocrites,
> De fusiller obscurément
> Quelques mouchards abjects, quelques obscurs jésuites
> Canonisés subitement ;
> Il ne s'agira plus de brûler trois bicoques
> Pour défendre tout un quartier.
> Plus d'hésitations louches ! Plus d'équivoques !
> Bourgeois, tu mourras tout entier.

....

> Non ! Rien ne restera de ces coquins célèbres,
> Leur monde s'évanouira ;
> Et toi, dont l'œil nous suit à travers nos ténèbres,
> Nous t'évoquerons, ô Marat.

Vermersch est mort à Londres, méprisé de tous, même de ses anciens complices.

Les habitués du *Café de l'Union* avaient surnommé Jules Vallès le *lapin anthropophage*. Barbu comme Dumollard, le terrible Auvergnat n'avait qu'un rêve : il guettait Louis Veuillot comme le chat guette la souris, et jurait qu'il aurait un jour ou l'autre raison du fougueux polémiste.

Les jeunes étudiants qui sont devenus de graves médecins, se souviennent-ils, du fond de leur province, des heures de jeunesse envolées chez Théodore ; se rappellent-ils de leurs effarements lorsqu'ils entendaient Vallès lancer froidement des énormités du genre de celles-ci : « — Il faut briser les statues et trouer les tableaux ! — Michel-Ange et Raphaël sont les papes du sculpturat et de la peinturlure ; — de la solennité, il n'en faut plus ! Je jure que la prostitution dans l'art est d'une rigoureuse nécessité. — Le rire est le seul moyen d'affranchissement qui nous reste ; Offenbach est un précurseur ; Schneider, une prêtresse ; sus aux Pindares perruques, et aux vieux Homères, ces patachons immortels ! Cascade, ô Clodoche, chahute, Hortense ! Vous représentez, devinez quoi, jeunes lutteurs ? — La révolution ! ! ! »

Elle vint, sa révolution, et lui qui déclarait que le *Misanthrope* de Molière l'ennuyait, fit partie de la commission de l'enseignement ! ! !

Vallès haïssait le passé, parce que le passé avait

vu ses misères et ses souffrances; c'était un caractère aigri, mais pas méchant, au fond, disait-on; pourtant le *lapin anthropophage* n'a-t-il pas écrit quelque part : « On mettrait le feu aux bibliothèques et aux musées qu'il y aurait pour l'humanité, non pas perte mais *profit* et *gloire*. »

Vallès a été prophète. Je ne sais pas s'il y a eu *gloire* pour la Commune d'avoir réalisé son rêve, mais, quant au *profit,* cela nous a coûté de beaux millions, sans compter des milliers de victimes!

Vallès, plus prudent que Vermorel, ne jugea pas à propos de se faire tuer sur une barricade pour défendre ses principes; le rôle de martyr n'était pas à sa taille, il préféra s'échapper; il devint pour un jour conservateur!

A son retour d'exil, il créa le *Cri du Peuple,* dans lequel il continua à jouer le rôle de sauveur du peuple et à préparer l'avènement d'une nouvelle.

J. Vallès est mort en février 1885.

Autour de Vallès, comme autour d'une mère Gigogne en-mac-farlane, gravitait le célèbre *Pipe-en-Bois* (Georges Cavalier).

Pipe-en-Bois collaborait au journal *la Rue;* c'était certainement l'homme le plus laid de France et de Navarre. Imaginez-vous un faucheux gigantesque, la tête ovoïde et exangue de Debureau et au milieu du visage le nez phénoménal du brave Hyacinthe; quand il parlait, il ouvrait une énorme bouche qui laissait voir des dents larges comme des touches de piano et noires comme du jais, par l'habitude de mâcher du tabac.

Il était employé comme dessinateur, à l'usine Cail, fort en x, il avait passé par l'Ecole polytechnique, ce qui l'avait rendu profondément matérialiste et raisonneur.

Il fit aussi partie de la Commune comme *directeur des plantations*, un comble. Il fut condamné, mais sa peine fut commuée en celle du bannissement ; il se réfugia à Bruxelles, où, pour charmer les tristesses de l'exil, il allait régulièrement danser à l'Alhambra. Je me souviens l'y avoir vu en 1874 figurer dans un quadrille et exécuter des pas fantaisistes à faire pâlir Clodoche.

Ce fut à la première représentation d'*Henriette Maréchal* que commença la célébrité de Cavalier. Voit-on d'ici ce bohème qui, jusque-là, ne s'était illustré que dans les brasseries du quartier Latin, se faisant l'instigateur d'une cabale pour *punir* les auteurs de la pièce, MM. de Goncourt, d'être, suivant la chronique, appuyés par la princesse Mathilde.

Pipe-en-Bois grand justicier, c'est à crever de rire !

Pipe-en-Bois était le roi des blagueurs ; on avait beau être son ami, il fallait y passer.

Vers 1868, il nous amena un jeune homme qu'il nous présenta comme un Vicomte portant un des plus beaux noms de France, jamais Cavalier ne lui pardonna de l'avoir fait *poser*.

Ce Vicomte était tout simplement le fils d'un concierge de la rue de Buci, il était intelligent, honnête, par conséquent pauvre ; il ne resta pas honnête et devint riche, et en même temps fils de noble maison. Il s'entoura pieusement des reliques qui pouvaient avoir appartenu aux aïeux postiches qu'il venait de se poser, sans souffrance, il accrocha sur ses murailles des panoplies poussiéreuses : des casques, des cuirasses, des corselets, des épées toutes rouillées d'un sang qui ne coulait pas dans ses veines.

Le Vicomte avait un respect particulier pour certain trophée composé d'épées de toutes espèces, au milieu desquelles on en voyait une qui tranchait sur les autres par sa forme étrange, sa taille et sa pesanteur.

Il était fier de ses armes, qui heureusement pour lui n'étaient pas parlantes, il les montrait à tout venant et avait sur chacune d'elles une merveilleuse légende.

Un jour, après déjeuner, *Pipe-en-Bois*, tout fier de son ami de Buci, pour couper court aux plaisanteries de Léonce Petit, nous invita à aller admirer la collection de famille du Vicomte, ce dernier était en verve et beau parleur. Ce matin, il nous fit, avec une grâce exquise, les honneurs de chez lui ; il nous débita son petit boniment sur les pièces les plus remarquables de son musée d'artillerie et, lorsqu'il arriva devant le fameux trophée d'épées, il était évident que les souvenirs du passé qu'il venait d'évoquer l'avaient vivement ému.

Il n'en poursuivit pas moins sa description homérique, appelant chaque épée par son nom ; et au moment de raconter l'histoire de celle du milieu, il s'arrêta et nous regarda fièrement.

Pipe-en-Bois rayonnait.

— Voici celle, nous dit-il, qui a le plus de prix pour moi, elle a appartenu à quatre de mes ancêtres qui ne se sont jamais servis d'aucune autre et qui se la transmettaient pieusement de père en fils ; voyez quel poids : c'est une épée à deux mains, nous pouvons à peine la soulever ; eh bien ! nos pères, qui n'étaient point des êtres dégénérés comme nous, la maniaient comme une badine. Elle est belle, n'est-ce pas? Chère épée, je ne la céderais pas pour tout l'or du monde.

— Vous êtes bien sûr de ce que vous dites, interrompit Léonce, qui venait d'examiner attentivement l'épée en question, vous êtes bien sûr que quatre de vos ancêtres se sont successivement servis de cette épée?

— Parfaitement sûr et certain, j'ai des papiers qui le prouvent irrécusablement.

— Eh bien ! Monsieur, à l'avenir, soyez plus prudent ; cette épée, un simple amateur le reconnaîtrait à première vue, est *une épée de bourreau*.

Jamais *Pipe-en-Bois* ne nous reparla de son Vicomte.

Cavalier est mort en regrettant les temps joyeux où il gagnait cent sous par jour, en dessinant pendant douze heures.

Le service du café était fait par une malheureuse bonne ; elle en vit de dures, la pauvre Constance !

Je me souviens du premier soir où elle fit son apparition dans la salle commune ; elle tremblait comme la feuille, soutenant à peine le plateau qu'elle portait.

— Drôle de type, dit Gill ! — Où as-tu pêché ça, Théodore !

— Elle arrive d'Argenteuil ; elle s'est sauvée de chez son dernier maître, après avoir failli mourir de peur.

— Est-ce qu'il a voulu l'assassiner ?

— C'est plus drôle que ça et moins sombre :

— Elle était en service depuis le matin seulement chez un vieux soldat de l'Empire qui avait laissé sur les champs de bataille ses quatre principaux membres, il avait dû les remplacer tant bien que mal, le menuisier du village s'était chargé de la chose.

Chaque soir le vieil invalide se débarrassait de ses membres inutiles pour se mettre au lit.

Cette opération se faisait d'une manière très simple.

Le soir venu, Constance, qui ne connaissait pas toutes les infirmités dont son maître était affligé, fit la couverture et se préparait à aller se coucher,

Le vieux soldat l'appela : — Tiens, lui dit-il, en lui tendant le bras, tire-moi ce bras. — Et le bras resta entre les mains de Constance, c'était un bras de bois ; mais jugez de l'étonnement de la pauvre fille, quand l'invalide présentant tous ses membres, l'un après l'autre, ne cessait de lui dire : — Tire-moi cette jambe ; tire-moi l'autre.

Elle prit peur de se trouver en face d'un homme de bois, qui n'avait que le tronc et qui semblait posé sur la chaise, devant elle, comme un de ces antiques dieux de pierre dont le temps avait mutilé les membres.

Mais ce n'est pas tout, voulant se réjouir jusqu'au bout de la frayeur qu'elle éprouvait, le vieux débris tendit la tête en lui disant : — Maintenant, tire-moi le chef.

Pour le coup, Constance, épouvantée, se mit à pousser des cris de terreur et s'enfuit comme si le diable l'emportait.

Il ne manquait vraiment plus à ce brave qu'une tête en or et un estomac en cuir de Russie, pour faire le pendant du capitaine Castagnette, mort en 1840 de l'explosion d'une bombe qu'il portait dans le dos, depuis 1815 !

Constance lâcha le *Café de l'Union*, elle devint modèle dans les ateliers de la rive droite ; aujourd'hui, elle tirerait bien, sans broncher ni trembler, les membres de tout un régiment d'invalides.

Cagliostro, un boulevardier habitué du Café de

Suède, venait quelquefois à l'heure de l'absinthe.

C'était un type étrange ; il justifiait à merveille le surnom que lui avait donné Razoua ; un de mes confrères le décrivait ainsi :

Il portait d'habitude des chapeaux gris, vastes comme celui du roi Louis-Philippe, des redingotes de velours pincées à la taille, des culottes d'écurie, une profusion de manchettes et de jabots à rendre jaloux un dentiste forain ; le tout complété par une cravate à la Colin d'une couleur audacieuse.

Ses moyens d'existence étaient un mystère ; il écrivait bien de loin en loin une brochure ou un article de journal, mais pas d'une manière assez suivie pour qu'il pût s'attribuer la profession de journaliste ou de publiciste.

L'opinion la plus répandue, c'est qu'il cachait « son prénom d'Alphonse ». Peut-être aussi vivait-il de jeu, car il était connu dans tous les tripots de Paris et de l'étranger ; il ne passait pas pour tricher, mais l'habitude qu'il avait des cartes et le sang-froid très réel qu'il apportait à la partie, lui donnaient sur beaucoup de joueurs un avantage incontestable.

Quant à son passé, personne ne le connaissait, pas plus que son âge ; ce qui est certain, c'est qu'il avait été saltimbanque et attaché à un cirque ; avec sa longue taille fluette, son visage régulier, toujours soigneusement rasé, et ses longs cheveux bouclés, il cachait facilement dix ans sur les quarante passés, qu'il avait en réalité ; d'ailleurs ne manquant pas d'esprit et contant agréablement, malgré un certain zézaiement dans le débit.

A la suite d'une discussion au Café de Madrid, avec l'acteur Kopp, il fut obligé de se rendre sur le terrain ; il prit pour témoins, afin d'effrayer son adversaire, deux anciens sous-officiers, lesquels arrivèrent chez lui sanglés et boutonnés d'une manière qui voulait être militaire, et qui rappelait simplement les agents de police du temps de Vidocq.

Ils montèrent rapidement dans le fiacre, et chacun des deux témoins crut que l'autre avait dit au cocher la direction à prendre ; absorbés dans les débats de la rencontre, aucun d'eux ne regardait à la portière, lorsque le cocher s'arrêta... devant la préfecture de police.

— Eh bien ! cocher, cria tout le monde ensemble... A quoi pensez-vous ?

— Eh bien ! répondit le bonhomme en regardant tour à tour les acolytes de *Cagliostro*, ce n'est donc pas une arrestation ?

Le cocher distrait avait pris les deux témoins pour deux mouchards venant arrêter *Cagliostro*.

Le cocher, sur l'ordre d'un des témoins, rebroussa chemin et fila à Montmartre ; le rendez-vous avait été fixé derrière le *Moulin de la Galette*.

Les témoins choisirent un terrain propice : la rencontre devait avoir lieu à l'épée. Non loin du terrain choisi, à trente pas environ, se trouvait une clôture en planches, à claire-voie, entourant un champ vague; les témoins mirent les adversaires en garde et prononcèrent la phrase traditionnelle :
— Allez, Messieurs! *Cagliostro*, se souvenant du temps où il était au cirque, fit un bond prodigieux, sauta derrière la clôture et s'y retrancha, brandissant son épée par les interstices des planches, tout comme s'il se fût agi d'un combat de tirailleurs.

Ce duel finit par un immense éclat de rire.

En 1867, arriva au boulevard une dame qui se faisait appeler la Baronne de Breuil; elle se disait fille naturelle d'un souverain; elle se donnait pour une femme ayant douze cent mille livres de rentes; elle avait de grands airs, ni grosse, ni mince, entrelardée, comme disait Debiron. A la rigueur, on pouvait *couper dans le pont*.

Un petit cercle se forma bientôt autour d'elle, des journalistes la crurent sur parole et en parlèrent dans leurs échos; elle acquit promptement une célébrité.

Il y eut autour de la fille du souverain plusieurs valets de cœur qui se détrônèrent successivement sans révolution de palais, révolution de chambre à coucher seulement. Le dernier fut *Cagliostro*.

Tous deux vivaient largement. C'était une bombance perpétuelle, une existence royale; mais un beau jour le pot aux roses se découvrit.

Cagliostro s'était souvenu de son prénom d'Alphonse : d'accord avec la fille du Roi, ils tiraient des traites sur un brave commerçant en faillite. Quand le couple n'avait plus d'argent, vite de nouvelles traites : il y en eut comme cela pour deux cent dix mille francs en valeurs reconnues par lui au profit de la Baronne, qui endossait à l'ordre de *Cagliostro*

Cagliostro envoyait au commerçant, qui paya pendant longtemps, puis, dut s'arrêter, de gré ou de force.

Le commerçant fut poursuivi pour non-paiement devant les tribunaux; on aura peine à croire à une audace pareille, cela est pourtant rigoureusement exact; il fut admis à faire la preuve qu'il ne devait rien. Son agréé apprit aux juges d'où descendait la fameuse Baronne : elle était tout bonnement la fille d'un cuisinier des Dix-Huit-Marmites et d'une marchande d'arlequins.

Quant au commerçant, qui plus tard dirigea un journal politique, et aujourd'hui un casino dans l'Ouest, voici comment elle était parvenue à se faire ouvrir par lui un crédit de deux cent dix mille francs.

Ce commerçant, qui avait des goûts artistiques, fréquentait le *Café de Suède;* il la vit, les camarades lui racontèrent entre deux bocks qu'il avait l'insigne honneur d'être admis à la table de la fille d'un Roi (chose invraisemblable, ils le croyaient). Elle fut câline avec lui ; elle l'appelait mon bébé, mon lapin chéri, mon gros loulou.. *Cagliostro* fermait les yeux. Bref, elle se fit aimer du commerçant. Dame ! une fille de Roi, cela le changeait furieusement de madame son épouse, la fille d'un quincaillier du nom de Balandard. La Baronne ne parlait que de cinquante louis, de champagne frappé, de faisans truffés, elle n'allait qu'aux premières, dans sa loge ou dans celle de l'Empereur, tandis que Mlle Balandard chipotait un sou à sa bonne sur une botte de navets ; elle ne buvait que du cidre, n'aimait que l'oie aux marrons, parce qu'avec la graisse on pouvait faire la soupe toute une semaine ; elle n'allait jamais au spectacle qu'avec les billets de faveur que lui donnait une ouvreuse de ses amies ; par conséquent, aux quatrièmes galeries.

La Baronne l'appelait mon chéri ; sa femme le traitait de coureur de cafés.

Quel contraste !

Il devint donc fortement *toqué* de la fille du Roi.

Un jour, la Baronne arriva chez lui ; tout aussitôt elle se mit à pleurer comme une fontaine et tomba dans une crise nerveuse épouvantable. Le pauvre homme, hors de lui, ne savait à quel saint se vouer ; enfin, elle revint à elle, et entre deux spasmes, elle lui raconta qu'elle avait été entraînée par trois jeunes gens, sous prétexte d'une œuvre de charité à accomplir, dans une maison isolée, derrière le bois de Vincennes, et qu'ils avaient voulu lui faire subir les derniers outrages, à elle, la fille d'un Roi ; qu'enfin, elle s'était défendue comme une lionne, et que pour sauver son honneur, elle avait tiré un poignard qu'elle portait toujours à sa jarretière et en avait frappé l'un d'eux, qu'elle avait grièvement blessé ; mais que la famille du blessé, qui était toute-puissante, la menaçait, et que pour l'apaiser il fallait de l'argent.

Le mari de Mlle Balandard n'hésita pas une minute à la croire, et son argent servit à héberger *Cagliostro* et ses amis.

En qualité d'ancien clown, lorsque la Commune arriva en 1871, *Cagliostro* fut naturellement d'emblée nommé colonel, et, dans les derniers jours de mai, dut fuir en Suisse pour échapper aux condamnations de tous genres qui le menaçaient.

Sa fuite est un chef-d'œuvre et complète l'homme.

Il s'habilla en commandant de gendarmerie et passa l'inspection des brigades de gendarmes sur toute la ligne de l'Est.

Quant à la fille du Roi, elle alla le rejoindre déguisée en sœur de charité !

Pas de colonel sans aide de camp. C'est le complément du grade. Aussi *Cagliostro* n'avait eu garde de manquer à la tradition.

Il s'était adjoint un grand et superbe garçon, taillé en hercule, toujours tiré à quatre épingles, boutonné militairement, reluisant comme la batterie de cuisine d'une flamande ; c'était un ancien général de la Délégation nationale de 1870, nommé M..., l'inventeur de *la carotte patriotique.*

Tous deux s'étaient connus chez Théodore; en vertu des lois d'affinité, ils ne se quittaient jamais:

M... disparut tout à coup en 1868 du *Café de l'Union*, il s'était engagé dans un régiment de cuirassiers; en 1870, il était à Metz, maréchal des logis. Comme il avait assez du régiment, il s'enfuit de Metz le 29 octobre, vendit son cheval et passa dans le Luxembourg. De là, il partit pour Tours.

Je ne sais pas par qui il se fit présenter à Gambetta, mais il lui proposa un plan pour faire sauter le tunnel de Saverne. Gambetta accepta avec enthousiasme et le nomma capitaine en lui donnant 10.000 fr.

M... partit en Suisse avec une femme qu'il avait raccolée à Tours et mangea lestement les 10.000 fr. Il écrivit alors à Gambetta : — Tout va bien ; j'ai recruté mon personnel, mais envoyez-moi de l'argent, c'est incroyable ce que les hommes sont exigeants; oh! s'ils avaient mon patriotisme ?

Gambetta lui envoya 10.000 fr. par un émissaire; en possession de cette somme, il partit à Saxon, joua et se fit complètement décaver.

Il engagea sa montre et revint à Tours; là il dit au dictateur que tous ses hommes avaient été tués en essayant de faire sauter le tunnel et qu'il n'a pu se sauver qu'à grand'peine, heureux de pouvoir encore être utile à la patrie.

Il fut nommé *commandant* et toucha 700 fr. d'indemnité pour ses effets détruits, de plus *une entrée en campagne*; on l'envoya au Pas-des-Lanciers, mais il se rendit à Bordeaux où il fut nommé *lieutenant-colonel*, nouvelle *entrée en campagne*, il resta à Bordeaux, naturellement ; Gambetta partit pour l'armée de la Loire. Aussitôt M..., apprenant ce départ, alla trouver M. de Freycinet et lui dit :

— Après tous les services que j'ai rendus, je ne suis que *lieutenant-colonel;* c'est pas un grade, nommez-moi *colonel*.

M. de Freycinet se dit : Il est ami de Gambetta, il représente bien, bast ! faisons-le *colonel*. Nouvelle *entrée en campagne*.

Aussitôt M... alla chez le tailleur le plus renommé de la ville et se fit confectionner à la hâte un habit de *général;* il le revêtit et alla parader sur le cours de l'Intendance et sur les principales promenades publiques.

L'intendant militaire trouva étrange qu'un général qu'il ne connaissait pas se promenât par la ville ; il le fit demander et lui enjoignit de rejoindre immédiatement son corps.

— Où, dit M... ?
— A Nîmes, répondit l'intendant.
M... fit aussitôt insérer un brillant article dans

le journal *La Gironde*; on racontait ses exploits; c'était un héros, et puis fit expédier à Nîmes une grande quantité d'exemplaires.

Il alla aussitôt faire poser sur ses manches les étoiles de *général de division*.

Le lendemain, il reçut des dépêches des autorités civiles qui lui annonçaient qu'on l'attendait, que la gare était pavoisée et qu'un banquet était préparé pour son arrivée.

M... pensait bien, devant ces chaleureux préparatifs, qu'on ne manquerait pas de lui porter des toasts patriotiques et qu'il lui faudrait y répondre. Il alla trouver Hippolyte Nazet, lequel lui composa un brillant discours qui devait produire un effet prodigieux.

M... partit après avoir étudié son discours. Il arriva à Nîmes; les autorités étaient là au grand complet; le banquet ne devait avoir lieu que dans la soirée; il alla au café pour prendre langue et but une douzaine d'absinthes pour se *monter*.

Au banquet, il s'acheva; le dessert arrivé, on lui porta son toast; il voulut répondre, hélas! il avait noyé le discours de Nazet dans un lac de *Pernod* et de champagne, et c'est à grand'peine que, cramponné à sa chaise, il put ouvrir la bouche. Malheureusement, les idées dansaient devant lui une sarabande échevelée. Alors il raconta l'histoire vraie du tunnel de Savorne. Il y mélangea l'enlèvement de la femme de Tours, son séjour à Saxon, sa déveine au trente-et-quarante. Il raconta les effets effroyables de la dynamite, etc., etc. Bref, le président du banquet, ahuri, leva la séance, attribuant à l'émotion la singulière harangue du nouveau général.

Oui, mais le général qui commandait la division n'attendait qu'un colonel. Tout étonné de voir un général de division, il télégraphia à M. de Freycinet, en lui demandant des explications. Celui-ci répondit qu'il y avait erreur, et rappela M..., qui retourna à Bordeaux.

M... continua à promener ses étoiles par la ville. Grand émoi dans le monde militaire. Enfin, on lui fit comprendre qu'il devait les enlever et ôter un galon ; il le fit gracieusement. Mais voulant, sans le casser, se débarrasser d'un personnage aussi encombrant, on l'envoya, en qualité de colonel, commander un régiment de mobiles ; il obtint son *entrée en campagne* et partit... aussitôt pour Paris, où il était porté comme déserteur au ministère de la guerre. La Commune vint à propos pour lui.

N'était-ce pas le digne pendant de *Cagliostro?*

Le *Café de l'Union* avait encore pour clients J. Vincent, Cœdès, Ernest d'Hervilly, Puissant et André Gill.

Ernest d'Hervilly, le plus timide de tous, ne prenait jamais part aux discussions politiques ou scientifiques ; il se contentait de travailler pour l'avenir ; n'appartenant à aucune école, il était d'avis qu'il valait mieux boire dans son verre, si petit qu'il soit.

Il a eu raison, car il est un des rares qui n'a pas demandé la consécration de son talent à la camaraderie et qui n'a pas versé dans l'ornière politique, comme la plupart de nos anciens camarades.

Je retrouve d'Ernest d'Hervilly un sonnet charmant, qui fut imprimé dans les *Nouvelles,* en 1866 ; il fut improvisé chez Théodore.

Si je me trompe, j'aurai cela de commun avec son melon ; seulement, l'acier ne pourrait pas dire de moi : Il n'est pas mûr, hélas !

A UN MELON QUI M'A BIEN TROMPÉ
A Charles Monselet

Plus suant qu'un fellah ! plus rouge qu'une fraise,
Le foulard à la main je courais le marché,
Lorsque je t'aperçus, majestueux, obèse,
Splendide, insoucieux, sur la paille couché.

Le soleil te dorait et tu te crevais d'aise,
Et tes côtes saillaient, monstre au sol arraché,
Comme les durs biceps de l'hercule Farnèse,
Ou comme un sein flamand par Rubens ébauché !

Tu me stupéfiais ! — Puis j'abordai ton maître.
Longtemps, de part et d'autre, en juifs on s'insulta ;
Mais je fis briller l'or !... et le lâche accepta !

Et le soir, au moment où le plat allait être
Un autel inondé des flots de ton jus pur...
L'acier cria trois fois : — Il n'est pas assez mûr !!!

Puissant, le gros bourguignon, l'auteur des *Écrevisses*, promettait beaucoup. Malheureusement il avait l'amour de la loterie, et le n° 5 lui a été fatal!!

André Gill eut le mérite d'inaugurer ces portraits grotesques des célébrités du jour, qui firent la vogue de la *Lune,* fondée par ce pauvre Polo. Une singulière coïncidence, Polo est mort fou et Gill a été frappé de la même terrible maladie.

André Gill était fort comme un Turc; il prétendait que le célèbre Arpin n'était qu'un gamin, un astèque.

— Peux-tu casser une pièce de cent sous entre tes doigts, disait-il un jour à un débutant qu'un ami lui avait recommandé?

— Non!

— Alors, tu n'arriveras à rien, car l'avenir est aux forts.

Vers 1867, les charges d'André Gill faisaient fureur. Cela gênait sans doute M. Edmond About, qui publia dans le *Gaulois* un article à fond de train contre la nouvelle école.

. . . .

« La concurrence est grande, disait-il, entre
» tous les entrepreneurs de bas amusements, ils
» ont vu que certain public se prenait par les
» yeux; ils illustrent (passez-moi le mot) leurs
» aimables publications; le *rebut des ateliers* vient

» en aide au *rebut des lettres*. Mille et un carica-
» turistes qui ne seraient point admis à vernir les
» bottes de Daumier coupent les têtes les plus no-
» tables de ce pays, les enflent, les déforment, les
» salissent et les posent triomphalement sur un
» petit corps ratatiné. Cette heureuse plaisanterie,
» renouvelée dix fois par jour, n'a pas encore
» lassé le monde auquel elle s'adresse; on de-
» mande toujours des têtes!... »

M. About n'a pas été prophète, car la plupart de ces *rebuts d'ateliers* et de *lettres* sont devenus des gens célèbres. Il est vrai de dire qu'ils n'ont pas écrit *Gaëtana*, de *gaëtanante* mémoire, et qu'ils ne sont pas de l'Académie.

André Gill et Ed. About sont morts.

Qu'est devenu Théodore, le patron du *Café de l'Union*?

Aujourd'hui la boutique est occupée par un petit restaurant et la maison par un hôtel, qui a pris le nom d'*Hôtel de Bourgogne*.

III

Le bal des gigoteurs. — Valentino. — La salle Barthélemy. — Le café de la Géante. — Le café du Géant. — Les Folies-Nouvelles. — Le Prado. — Coquelin. — Les enfants du Prado. — Le Bœuf-Furieux et la Tête-de-Grenouille. — Le Casino Cadet et la Halle aux Veaux. — Le clos Guinguet. — Aux Armes de France. — La salle Graffard. — Les Grands-Pavillons. — Le Galant-Jardinier. — Les Barreaux-Verts. — Mabille bastringue. — Mabille *high life*. — Marguerite Bellanger et le dîner de son caniche. — La lune de miel. — Les diamants de sa mère. — Parvenue et princesse. — Folies Saint-Antoine et le colonel Lisbonne.

Sur la rive gauche, à peu près au milieu de la rue de la Gaîté, existait le BAL DES GIGOTEURS, autrement dit le *bal Constant;* primitivement, il s'était appelé le *bal des Mille-Colonnes*. Il existe toujours, mais il a perdu son originalité avec M. Constant fils, qui le dirigea de 1857 jusqu'en 1870.

La salle, de style mauresque, était peinte à fresques. 1868, 1869, furent de belles années pour le *bal Constant*. Constant aimait les journalistes. Il avait réussi à s'entourer de presque tous les habitués du *Café de l'Union*. Il fallait voir la tête du père Constant quand son fils avait à sa table une vingtaine d'entre nous et qu'il nous offrait du vin vieux, surtout quand Vallès, qui daignait sourire à la vue du vénérable bouchon, s'écriait : « Donnez-nous du pareil ! »

Constant s'est exilé à Saint-Mandé, et combien du joyeux groupe n'existent plus !

Non loin de la rue de la Gaîté, sur le boulevard Montparnasse, existait la GRANDE-CHAUMIÈRE. Ce bal datait de 1787 ; il fut fondé par le père Lahire, qui épousa quelque temps après la fille de M. Benoist, propriétaire de l'immeuble.

Ce bal a fait la joie de plusieurs générations d'étudiants ; c'était le beau temps de la grisette. Chicard, Pritchard, Brididi, Paul Piston, Feuille-de-Rose, Marionnette et Pomaré y rivalisaient d'entrain.

VALENTINO, 251, rue Saint-Honoré, eut aussi sa vogue, mais elle passa vite. Sur son emplacement, vers 1880, on construisit un panorama.

La SALLE BARTHÉLEMY était située, en 1856, où se trouve aujourd'hui la caserne du *Château-d'Eau*. Cet endroit, lieu de réunion des saltimbanques de tous genres, se nommait le *Champ de Navets*. Un peu plus loin, au coin du faubourg du Temple, se trouvait, au fond d'une cour, le Café de la Géante. La Géante était une femme superbe qui faisait passer sous son bras un carabinier coiffé de son casque; on l'avait surnommée la belle *Circassienne*, quoiqu'elle fût née à Amiens. Après son exhibition, elle faisait le tour de la société avec une tirelire en fer-blanc. « Ce sont mes petits bénéfices, disait-elle; c'est pour faire dire des messes à vingt sous la bouteille! »

En face, à côté des magasins actuels du *Pauvre-Jacques*, il y avait le Café du Géant, tenu par les frères Paris. C'était un café-concert très fréquenté; plusieurs artistes devenus célèbres y débutèrent : le ténor Michot, Renard, Marie Sasse, Gozora, l'homme qui imitait le chant des oiseaux. Sur la même ligne, les Folies-Nouvelles, une vraie folie de ce pauvre Louis Huart. Là aussi se révélèrent des artistes que nous applaudissons encore : Mlle Géraldine, Tissier, Gourdon et Dupuis.

Dupuis était inimitable dans *Achille à Scyros*, les *Filets de Vulcain*. La blague des dieux de l'Olympe n'appartient pas à Offenbach. Avant eux, d'ailleurs, Daumier, le célèbre dessinateur, avait publié à ce sujet un album devenu introuvable aujourd'hui. Les *Folies-Nouvelles*, malgré une troupe d'élite, durent disparaître; en 1859, elles devinrent le Théâtre Déjazet.

Sous les rois de la seconde race, alors qu'ils

habitaient le palais de la Cité, de nombreuses confréries religieuses s'établirent autour d'eux : les religieux de Saint-Barthélemi, vers le cinquième siècle, firent construire une chapelle à laquelle ils donnèrent le nom de leur patron; elle était située près de la rue de la Barillerie.

Vers 965, Hugues-Capet fit agrandir cette chapelle, qui devint, en 1138, paroisse royale. Les bâtiments de cette église furent restaurés en 1730 et 1736.

L'auteur des *Moustiers de Paris*, dans la naïve nomenclature des édifices religieux, vers la fin du treizième siècle, signale ainsi l'église Saint-Barthélemi :

> Et Saint-Sauveres qui vaut miex,
> Saint-Christofle, Saint-Bertremiex.

Malgré ses récentes réparations, en 1770, l'église menaçait ruine; en 1772, le roi ordonna qu'elle serait entièrement reconstruite. Le portail était déjà terminé, lorsque la Révolution vint en arrêter les travaux. Supprimée en vertu de la loi du 15 février 1791, elle fut vendue comme propriété nationale le 12 novembre suivant. Sur son emplacement, on y établit peu de temps après le *Théâtre de la Cité*, et l'on ouvrit deux passages dont l'un prit la dénomination de *Flore*.

L'ouverture du théâtre construit par Lenoir eut lieu le 21 octobre 1792 sous le titre de *Théâtre du Palais des Variétés*, par une représentation au bénéfice des défenseurs de Lille.

En 1793, il changea son nom en celui de *Cité-Variétés*.

On y jouait la comédie, le vaudeville et la pantomime. Tiercelin et Brunet y firent leurs débuts. C'est à ce théâtre que fut représentée la fameuse pièce : *Le Jugement dernier des Rois*.

Franconi y donna des représentations équestres les jours où il ne jouait pas au *Cirque-Olympique*.

En 1802, des chanteurs allemands exploitèrent la salle qu'ils appelèrent *Théâtre de Mozart*. Ils n'eurent pas de succès.

En 1805, l'acteur Beaulieu tenta de relever ce théâtre. Il échoua et se brûla la cervelle dans le salon du café D'Aguesseau, qui existait encore en 1861 sur le devant de la maison.

Plus tard, la salle changea encore de nom ; elle s'appela *Salle des Veillées*.

En 1810, M. Venaud y établit un bal auquel il donna le nom de PRADO. Le théâtre était la salle de danse ; le foyer, ainsi que plusieurs pièces furent transformées en loges maçonniques ; dans l'une de ces loges, Napoléon et l'Impératrice Joséphine, assistèrent à une fête d'adoption, donnée par le Maréchal Lannes et le Prince Poniatowski, l'un et l'autre vénérables.

L'orchestre du Prado était conduit par le grand Pilodo, successeur du non moins grand Magnus.

Les lundis et jeudis, toutes les célébrités de tous les bals de Paris s'y donnaient rendez-vous ; Clara

Fontaine, Louise la Balocheuse, l'Anglaise Alexandrine aux cheveux d'or, Mogador, Delphine Rivière, Sophie Ponton, Rose Pompon, Louise Voyageur, Léontine Comfortable, Jeanne la Juive, Eugénie Malakoff, Henriette Souris, Louise Sauvageon, Delphine la Colonne, Blondinette Traîne-Pattes, Marie l'Auvergnate, Eugénie Chinchinette, Clara Fauvette, Héloïse Pavillon, Désirée Patchouli, Eugénie l'Amoureuse, Victorine Gibelotte, Charlotte Cordée, Aglaé, Poêle à Marrons, Marie Baquet, Agnès la Peronnelle, Isabeau l'Espinète, Jehanne la Gresle, Florie du Boccage, Maheux la Lombarde, Edeline l'Enragée, Guillemette la Rose, Marchecroux la Rousse ; la liste est à peu près complète.

Le *Prado* a eu une grande renommée ; aucun étranger ne venait à Paris sans y faire une station ; c'était du reste là partie la plus claire du revenu de ces dames, car elles n'avaient pas à compter sur les habitués, tous, pour la plupart, étudiants ou commis en nouveautés ; ils allaient bien jusqu'au souper, une voiture à la rigueur, mais pour *éclairer*, jamais ; si une nouvelle adressait à l'un d'eux cette demande : — Combien donnes-tu ? La réponse était invariable ! — Penses-tu que ça réussisse ?

Le *Prado* avait un garçon nommé Coquelin, qui était bien l'être le plus extraordinaire qu'on pût imaginer ; il était la providence de ces dames, il leur prêtait de l'argent pour les tirer d'embarras, leur rédigeait leur correspondance, il répondait pour elles aux marchandes à la toilette, connaissant de mémoire toutes leurs adresses et leurs habitudes ; si un étranger lui demandait une d'elles, il le renseignait sur le prix, les heures, les qualités, la performance ; Coquelin était pour les filles, ce que le fameux Félix, du Helder, était pour les officiers : un annuaire vivant.

Le *Prado* fut démoli en 1860 pour faire place au tribunal de commerce. Dame Thémis a remplacé Terpsychore.

Un liquoriste situé au coin de la rue des Grès, dans l'espace occupé aujourd'hui par la rue de Cluny, prit pour enseigne : *Aux Enfants du Prado*.

La boutique était une baraque en planches, large de six pieds, longue de douze et haute de six.

Tout l'ameublement se composait d'une grande table en bois blanc et d'une douzaine de tabourets dépaillés. Particularité bizarre : un vieux lit à bateau, garnie d'une paillasse, était placé à droite de la table ; quand tous les buveurs étaient ivres, au fur et à mesure que l'un d'eux glissait sous la table, le patron, un hercule, l'empoignait et le jetait sur le lit. Quelquefois vingt ou vingt-cinq ivrognes gisaient sur la paillasse, ronflant à qui mieux mieux. Cette scène, digne de Callot, était éclairée par une chandelle fichée dans le goulot d'une bouteille égueulée.

Les ivrognes des *Enfants du Prado* étaient traités rue des Grès avec plus de sollicitude que ceux de l'*Assommoir-Montier*, rue du Petit-Thouars ; là, dans l'arrière-boutique, dans un réduit baptisé la *Morgue* par les habitués, on les entassait sur un lit de paille pourrie, n'ayant pour oreiller que quelques pavés.

Ces deux établissements disparurent en même temps, en 1858.

Un pâtissier de la rue de la Harpe et un traiteur, son voisin, à l'enseigne du *Bœuf-Furieux*, essayèrent de faire revivre les *Enfants du Prado* de la rue des Grès. Parmi les habitués, on comptait : Schaunard, Tête-de-Grenouille, la Chartreuse, Frontispice, Barbe-Rouge, Tartempion, Tête-de-Veau, Rogaillot et autres noctambules. Ceux qui n'étaient pas trop ivres allaient achever leur nuit chez Bordier, Baratte ou chez la rôtisseuse, où « la beuverie » continuait.

A l'exception de Schaunard, immortalisé par Henri Murger, des illustres inconnus qui composaient ce cénacle, il ne reste même plus le souvenir.

Le CASINO CADET, rue Cadet, 18, ouvrit ses portes le 4 février 1859, sous la direction de Pellagot, l'inventeur du *Dîner de Paris*, au passage Jouffroy. Il fut construit sur les plans de Charles Duval, sur l'emplacement de l'hôtel occupé jadis par le Maréchal Clausel ; on y dansait quatre fois par semaine, les autres jours étaient consacrés à des concerts-promenades.

La salle formait un carré long; on dansait au milieu, et de chaque côté les femmes se promenaient à la recherche du client. L'allée de droite était appelée : l'*Allée du Commerce*, celle de gauche, à peine éclairée à cause de la galerie qui surplombait, avait été baptisée : *Allée de la Grande-Armée;* cette dénomination était admirablement justifiée, tout ce que Paris comptait de *vieilles-gardes* s'y rencontraient chaque soir. Rien n'était plus horrible à voir que cet assemblage de ruines, paraissant encore quelque chose grâce à des artifices de tous genres, vêtues comme si elles avaient vingt ans, maquillées d'une façon épouvantable, se tenant à peine sur leurs vieilles jambes, souriantes malgré cela, agaçant les jeunes gens. Ah! c'étaient de rudes travailleuses! Mais quelle devait être la désillusion des malheureux qui se laissaient entraîner par elles quand ils s'éveillaient le lendemain; ils s'étaient couchés avec une jeune fille, ils se réveillaient avec une grand'mère, plus horrible cent fois que la plus horrible des sorcières.

Derrière l'orchestre il existait un grand salon dont les murailles étaient décorées de portraits de femmes célèbres : Mme de Staël, Jenny Colon, Marie Dorval, Duchésse d'Abrantès, Rachel, Fanny Essler, la Malibran, Jenny Vertpré, Mmes Emile de Girardin, de Genlis, Campan, Mlle Mars, Mme de Récamier, Mlle Georges, Mme Duchesnois et Boulanger.

On n'a jamais su pourquoi les portraits de ces femmes, célèbres à divers titres, avaient été placés dans ce salon. En effet, ils n'avaient vraiment rien de commun avec les filles qui y faisaient leurs « affaires. »

Ce salon se nommait le *Marché* ; les souteneurs l'appelaient la *Halle aux Veaux*. C'était là que les filles débattaient le prix de leurs charmes, et que les *maquilleuses de brêmes* (tireuses de cartes) venaient racoler des clients.

Comme danseuses en réputation, on remarquait Rosalba Cancan, Alice la Provençale, Finette, Nini Belles Dents, Eugénie Trompette et Mimi Gambilmuche.

Finette, de son vrai nom « Joséphine Durwend », n'avait pas sa pareille pour lever la jambe ; elle envoyait un coup de pied à la hauteur de l'œil avec une désinvolture adorable. C'est la seule parmi les habituées du *Casino* qui ait laissé une trace de son passage ; elle fit du *cancan*, qu'elle dansait pour s'amuser, un métier. On l'engagea en Angleterre et en Russie, et on pouvait lire sur les affiches annonçant ses débuts : *Finette, célèbre artiste, dansera les danses nationales françaises!*

Jamais Chicard, l'inventeur du chahut, n'aurait rêvé celle-là.

Le *Casino* servit aux réunions publiques ; mais jamais elles ne furent très tumultueuses. On y débita, comme ailleurs, une infinité de bêtises; mais les auditeurs bien élevés riaient, ne prenant jamais les orateurs au sérieux. La conviction n'était pour rien dans leur présence; c'était pour « tuer » le temps.

C'est là que Maurice Joly soutint la candidature Rémusat, et qu'on lui reprocha si durement d'avoir été le secrétaire de la princesse Mathilde.

La salle du *Casino* servit aussi d'arène athlétique.

Après plusieurs faillites, le *Casino* ferma ses portes. Le journal *le XIXe Siècle* y a établi ses bureaux et son imprimerie.

Gutenberg a détrôné Arban.

La Chaussée Ménilmontant, qui conduit sur le plateau de Charonne, de temps immémorial était fréquentée par une foule de Parisiens qui ne reculaient pas à gravir sa pente rapide pour se rendre aux guinguettes, si nombreuses sur la hauteur. On y buvait un petit vin, produit des vignes dépendant du clos *Guinguet*; c'est ce qui donna le nom de guinguettes aux endroits où on le débitait. Aujourd'hui encore, par corruption, dans le faubourg, on dit : Allons boire un verre de *guinglet!*

Mesnil signifiait autrefois un château. Il y en avait un célèbre au haut de la Chaussée; les piétons n'y parvenaient qu'à grand'peine. De là le nom *montant* accolé à *Mesnil*.

Tout naturellement, de chaque côté de la Chaussée, s'établirent des marchands de vins, des gargottes et des bals.

A droite de la Chaussée, au n° 4, un grand bâtiment, haut d'un étage seulement, portait pour enseigne : *Aux Armes de France*. Il avait été construit en 1827 par M. Gélin.

Ce bal eut un immense succès. Il n'était fréquenté que par des ouvriers ; mais peu à peu il tomba en décadence, comme tous les établissements des environs, du jour où les barrières furent reculées jusqu'aux fortifications.

M. Gélin, très considéré dans le quartier, passait pour rendre des *services*. Quelques jours après la capitulation de Paris, il rouvrit son bal. Sous la Commune, des fédérés firent, un dimanche, irruption dans la salle, chassèrent, au nom de la liberté, danseurs et musiciens, et arrêtèrent M. Gélin, qu'ils conduisirent devant un tribunal improvisé. Il faillit être fusillé ; ce ne fut qu'à grand'peine qu'on put le sauver.

M. Gélin ferma l'entrée qui donnait sur la Chaussée. Le bâtiment fut transformé en un hôtel borgne, sous l'invocation de saint Louis, et ouvrit un long couloir sur le boulevard Ménilmontant, n° 140, qui conduisait à l'ancienne salle, laquelle prit alors, en 1856, le nom de SALLE GRAFFARD.

La salle, longue, décorée tristement, le comptoir au fond ; là, chacun allait chercher lui-même sa consommation et payait en la prenant. Les petits paquets de sucre étaient préparés à l'avance ; on n'avait qu'à emporter son litre et son saladier.

Une balustrade en bois découpé séparait les danseurs des buveurs.

Gambetta y remporta de grands succès oratoires.

Si la roche Tarpéienne est près du Capitole, la *salle Blaise* n'était pas située loin de la *salle Graffard !*

Il y eut, le 16 novembre 1875, une réunion où fut convié M. Paul de Cassagnac, par la lettre suivante :

« Monsieur,

» Devant les misères qu'endure à cette heure la population ouvrière ; devant les incertitudes de l'avenir ; devant les progrès menaçants du parti Impérialiste, nous avons cru de notre devoir de citoyens prudents et inquiets, de vous demander parmi nous.

» — Vous vous dites le serviteur du suffrage universel.

» — Prouvez-le, en vous rendant à notre appel et en nous donnant publiquement les explications que nous vous demandons au sujet de ce que serait l'Empire, s'il revenait.

» Qu'avons-nous à attendre de lui ?

» Voilà ce que nous voulons savoir, et voilà ce que vous nous direz, nous l'espérons. »

Cette lettre était signée de sept personnes prenant la qualité d'ouvriers !

M. Paul de Cassagnac fit un discours remarquable, mais il n'avait personne à convaincre, car la réunion n'était absolument composée que de bonapartistes !

C'était un bateau.

La salle Graffard ne sert plus qu'aux réunions publiques.

En remontant la chaussée Ménilmontant, à gauche, se trouvait un bal, LES GRANDS PAVILLONS ; il avait deux entrées, une sur la chaussée, au n° 27. Il fallait descendre vingt-cinq marches pour entrer au bal; la seconde, de plain pied, rue Constantine, aujourd'hui rue des Maronites.

Ce bal était tenu par un marchand d'hommes du boulevard Rochechouart ; il était le rendez-vous des hercules de places publiques, et des remplaçants ; on ne pouvait rien rêver de plus canaille comme public féminin ; mieux vaut n'en pas parler.

Cette salle fut fermée en 1878 et transformée en un hôtel qui porte le titre de *Grands Pavillons*.

Au n° 35 de la chaussée était situé le GALANT JARDINIER. Au rez-de-chaussée, il y avait un marchand de vins ; au premier, une goguette, et dans le jardin, un bal.

La goguette fut célèbre entre toutes ; chacun chantait la sienne. Aux murs, étaient appendus de gigantesques lyres en carton ornées de devises du genre de celle-ci :

Respect au beau sexe. Honneur aux arts. Le plus grand silence est recommandé aux sociétaires. Vive Béranger, Désaugiers, etc.

Chaque assistant avait une petite lyre à sa boutonnière ; le président, un vieillard, ouvrait la séance en tapant sur la table avec un petit marteau d'ébène, pour inviter au silence, puis il entonnait d'une voix chevrotante une vieille chanson de Béranger, et les sociétaires répétaient en chœur le refrain. Quand c'était au tour d'une dame, la romance finie : — Applaudissons sur la manche, disait-il ; encore une fois, messieurs, c'est pour une dame.

La goguette est morte, tuée par les cafés-concerts.

Au n° 40, en face la rue des Arts, à quelques pas de l'ancien hôtel où le maréchal de Saxe venait courtiser Mlle Favart, la jolie danseuse, se trouvait le bal des BARREAUX-VERTS, un bal de famille. En entrant, on lisait sur une pancarte : Une mise décente est de rigueur. Ce bal n'était fréquenté que par de petits bourgeois. A l'instar du théâtre Comte, il aurait pu écrire sur sa porte d'entrée :

Par ses mœurs, son bon goût, son répertoire brille ;
La mère, sans danger, peut y conduire sa fille.

On ne pouvait inviter une jeune fille à danser qu'après en avoir demandé l'autorisation au père ou à la mère. On y venait le dimanche de tous les quartiers de Paris.

Ce bal disparut en 1869. Une maison est construite sur l'emplacement qu'il occupait. Le cordonnier, qui est établi dans une des boutiques de cette maison, a conservé pour enseigne : *Aux Barreaux-Verts !*

Le bal MABILLE, en 1840, était situé allée des Veuves, aux Champs-Elysées ; c'était un bastringue champêtre comme les bals de Bagnolet ou des Lilas. Tout l'été on y dansait sur l'herbe. Mabille était le nom de son fondateur et propriétaire. Sa clientèle se composait de la haute valetaille et des femmes de chambre des hôtels voisins. L'hiver ils émigraient à l'hôtel d'Aligre, puis revenaient chez le père Mabille avec les hirondelles et les lilas ; l'entrée était fixée à dix sous.

Le père Mabille mourut et son fils continua, mais le public changea peu à peu ; la valetaille disparut, chassée par les lorettes et les dandys, et les samedis l'entrée fut portée à 2 francs.

En décembre 1863, le bal se déplaça boulevard Beaujon. La guinguette fit place à un bal splendide et devint le rendez-vous de tout Paris. M. Arsène Houssaye fut le parrain du nouveau bal.

Le luxe de la salle d'été était d'un très mauvais goût ; les palmiers en zinc qui ombrageaient l'orchestre ne donnaient pas une riche idée des splendeurs tropicales, mais le public n'y regardait pas de si près ; le décor importait peu, les femmes suffisaient.

Mabille recueillit l'héritage du *Prado*. Le bataillon féminin s'accrut de nouvelles filles qui devinrent promptement à la mode. Parmi ces célébrités, beaucoup tinrent une large place dans les chroniques de l'époque ; *la reine Pomaré* (Elisa

Sergent), *Chicard, Mogador* (Vénard Céleste), devenue plus tard comtesse Lionel de Moreton-Chabrillan, *Finette* (Durwend Joséphine), *Fille-de-l'Air*, etc.

Les chroniqueurs du « Tout-Paris » enregistraient avec soin les faits et gestes de toutes ces illustres chahuteuses. Elles faisaient pièce à la politique du jour. Gustave Nadaud les célébra dans une chanson restée dans les souvenirs de tous :

> Pomaré, Maria, Mogador et Clara
> Apparaissez, folles divinités.

Ce n'était pourtant que de vulgaires filles, des catins du monde chic, du monde qui ne marchande pas ; il est vrai que l'argent leur coûte si peu ; pourtant la viande était la même que dans les plus borgnes des bals de barrière ; c'est l'histoire des poupées de carton : au bazar de la rue Mouffetard, elles valent cinq sous ; chez Giroux, elles valent cent francs, c'est une question d'enveloppe.

Elles arrivaient là en équipages ; la soie, le velours, les dentelles, les diamants paraient la marchandise, comme le charcutier pare ses cochons de bouffettes, de rubans et de bouquets de fleurs, le jour de Noël.

La prostituée du trottoir a son excuse, la misère ; la fille qui sollicite le passant, les pieds dans la boue, la faim au ventre, qui cache ses larmes pour sourire, qui dissimule sa honte sous le vermillon pour gagner de quoi faire manger les siens, est numérotée comme un fiacre, elle est chassée, traquée comme un fauve. C'est une misérable, une fainéante qu'on enferme à Saint-Lazare à tout propos et hors de propos.

La prostituée du grand monde, celle qui raccroche à la face de tous, en pleine lumière, est encensée, adulée, choyée; le prix qu'on la paye lui donne l'absolution.

Vingt sous, c'est une fille publique, une vadrouille, une pierreuse; cent sous, une fille de lupanar; vingt francs, une boulevardière, de Montmartre à la Madeleine; cinq louis, une horizontale, et enfin cinq cents francs, une femme qu'on salue et que certains imbéciles épousent.

A *Mabille*, il y avait deux catégories de femmes : les femmes chics, qui faisaient leur persil, et celles que l'administration engageaient pour danser; elles ne se mêlaient pas.

Celles qui ne dansaient pas se promenaient dans les allées.

Françoise Lebœuf, connue à *Mabille* sous le nom de Margot et plus tard sous celui de Marguerite Bellanger, était une habituée; elle appartenait à la catégorie des promeneuses; un soir, elle disparut, personne ne se fût inquiété de son absence si le bruit ne s'était répandu que *Margot* était arrivée *au pouvoir;* ses bonnes amies prirent ce bruit pour un cancan, car rien en elle ne justifiait cette haute situation, n'étant ni belle, ni distinguée ; cela était pourtant vrai.

Une dame de l'entourage de l'empereur étant devenue enceinte, il fallait à tout prix cacher cette grossesse. Un général bien connu alla trouver Margot, lui raconta franchement l'histoire et lui proposa pour sortir l'empereur d'embarras, de simuler une grossesse, et au cas où l'enfant naîtrait viable, de l'accepter comme sien, pour sauver l'honneur de la noble dame.

Elle accepta et l'enfant naquit chez elle, rue des Vignes.

Quelque temps plus tard, sans doute pour la récompenser de sa discrétion, elle succéda à la femme titrée dans les faveurs de Napoléon III.

Une femme, de l'entourage de l'impératrice, lui signala cette liaison ; à la suite de cette révélation, une scène violente eut lieu entre les époux Impériaux ; il fallut encore une fois, à tout prix, trouver un moyen de calmer la colère de l'Impératrice.

Marguerite Bellanger, qui avait abandonné son nom de Margot ; un vilain nom pour une souveraine *in partibus*, avait été envoyée dans sa famille, en Maine-et-Loire.

Une nouvelle combinaison fut promptement inventée. M. le président Devienne fut chargé par l'Empereur d'obtenir une lettre de Marguerite, déclarant qu'il n'était pas le père de l'enfant.

..M. le président de la Cour de cassation réussit dans sa mission, l'Impératrice pardonna à son mari et..... Marguerite régna comme par le passé.

Au 4 Septembre, on découvrit aux Tuileries les lettres de Marguerite, qui racontaient l'histoire dans ses moindres détails.

De l'enquête à laquelle s'était livré M. Devienne, il résultait ceci, qui est une preuve flagrante :

Un médecin de l'avenue des Champs-Elysées avait été, dans la nuit du 15 février 1864, éveillé à grand bruit par une femme affolée de douleur, accourue chez lui en peignoir léger, la tête nue et lui apportant...... son chien, qui venait d'avaler une arête ; c'était Mlle Bellanger, qu'il connaissait parfaitement et qui, si elle eût accouché la veille, ne serait certes pas accourue ainsi, quelque passion qu'elle eût pour son caniche.

Dans les allées, il y avait plusieurs rangées de chaises, et une foule d'habitués, appartenant au meilleur monde venait y passer la soirée, comme dans un salon ; on y racontait les potins du jour, on critiquait la pièce nouvelle ou le livre en vogue ; l'esprit y avait ses grandes et petites entrées.

Un jour, le peintre B... montra à un vieux bonhomme un couple qui se tenait à l'écart :

— Regardez donc ces jeunes amoureux, lui dit-il, toujours égoïstes. Nous avons beau être à *Mabille,* ils ne devraient pas être si oublieux des convenances; ils sont sans doute en pleine lune de miel, je n'en doute pas; mais enfin... est-ce une raison pour prendre des airs si penchés? Que diable! il est des bonheurs qu'il faut savoir dissimuler.

Le bonhomme répondit à ce discours par une affreuse grimace et s'éloigna vivement, au grand étonnement de B... qui, s'adressant à un de ses amis, lui demanda :

— Quel est donc ce vieillard?

— Mais, dit l'ami, c'est le mari !

Tableau !

On remarquait souvent la maîtresse d'un grand industriel dont la bêtise était proverbiale. Un soir, elle arriva avec une rivière de diamants merveilleux qui fit sensation; on l'entoura avec le respect dû à sa valeur, et une de ses collègues, la Petite-Reine, honorée des faveurs d'un ministre fort bien en cour alors, dissimulant sa profonde jalousie sous un hideux sourire, lui fit son compliment :

— Quels beaux diamants, ma chère ! où les as-tu trouvés, je ne te les connaissais pas?

— Ça, répondit l'*arrivée* du ton le plus naturel du monde, ce sont *des diamants de famille*.

— Des diamants de famille ! s'écrièrent en chœur les jeunes gens qui formaient cercle; elle est bien bonne, celle-là !

— Mais certainement, ce sont des diamants de famille; mon amant me les a donnés hier, et ils sont depuis deux cents ans dans la famille *de sa mère, qui est morte il y a trois jours.*

Et elle passa son chemin, « versant des torrents de lumière sur ses obscures admiratrices. »

C'est la même à qui M... loua un hôtel dans les Champs-Élysées, à côté d'une princesse bien connue. Comme on avait dit devant elle que sa voisine était une femme du meilleur monde, donnant le ton à la mode, elle passait son temps à la singer : mêmes voitures, mêmes couleurs de chevaux, mêmes toilettes, mêmes livrées, etc. Un jour, elle apprit que le cocher de la princesse la quittait; sans perdre un instant, elle lui fit dire de se présenter chez elle. William s'empressa d'accourir; elle lui proposa d'entrer à son service; il accepta comme si elle devenait son obligée; mais arriva la question des gages.

— Que voulez-vous par mois? lui dit-elle.

— Mon Dieu, Madame me donnera quatre cents francs par mois de fixe.

— Quatre cents francs par mois! Y songez-vous? s'écria-t-elle.

— Mais, certainement, Madame, répondit William; je me contentais de deux cents francs par mois chez la princesse, parce que 'étais là *dans mon monde.*

Les jours du Grand-Prix de Paris, *Mabille* était envahi par une foule de *sportsmen,* et suivant la nationalité du cheval qui avait remporté la victoire, Anglais ou Français la célébraient en buvant d'énormes quantités de champagne, accompagnées d'une grêle de coups de poings.

Les princes étrangers n'auraient jamais fait un voyage à Paris sans passer une soirée à *Mabille*. Il fallait voir, ce soir-là, le bataillon féminin sous les armes. Quelle diplomatie elles déployaient pour être princesses d'un jour, ou plutôt d'une nuit !

Un soir, une noce entière, retour du bois de Boulogne, entra à *Mabille*. La mariée, dans le costume traditionnel, pria son mari de la faire danser; son vis-à-vis fut Finette et Paul Piston. Vous jugez de l'ahurissement de ces braves gens quand Finette fit le grand écart et qu'elle sauta par dessus son danseur; mais son ahurissement fut au comble quand elle vit la mariée relever bravement ses jupes et exécuter un cavalier seul héroïque.

En un instant elle fut entourée d'une foule qui criait : « Bravo ! la mariée ! *bis ! bis !* » Elle, grisée, recommença sans façon; le marié voulut l'en empêcher, toute la noce s'en mêla, une bagarre s'ensuivit, et, finalement, tout le monde fut fourré au violon.

Au n° 4 de la rue de Clichy, il existait, avant la construction de l'église de la Trinité, un petit garni célèbre dans toute la province; sa réputation datait de 1830. Toutes les bonnes sans places, fraîches débarquées, y descendaient en attendant de se caser; c'était un coin curieux où tous les patois se confondaient. A la fin de 1832 on vit arriver une grande fille mince, en jupon blanc, grelottant sous un mauvais caraco, déchiré en cinquante endroits; elle était accompagnée d'un jeune homme. L'hôtelier les installa dans une mansarde qu'il se fit payer d'avance. Cette fille avait laissé sa dernière robe en gage chez le costumier du Prado. Pendant quatre mois elle resta enfermée; le jeune homme, son amant, chantait dans les cours, et donnait une partie de sa recette au marchand de marrons établi au rez-de-chaussée, lequel montait à manger à la recluse. Un soir elle descendit, poussée par la faim..... Quinze jours plus tard, elle était une habituée de Mabille, et faisait rager d'envie les *persilleuses* célèbres qu'elle éblouissait par un luxe princier. Elle devint, plus tard, une grande dame, et renia Clara et Pomaré, qui furent avec elle les étoiles du *chahut!*

Mabille fut démoli en 1882, pour faire place à un pâté de maisons considérable.

En 1861, au coin de la rue Saint-Sabin, sur le quai bordant le canal Saint-Martin, aujourd'hui boulevard Richard-Lenoir, il existait un petit théâtre connu sous le nom de FOLIES-SAINT-ANTOINE; il était dirigé par un charmant garçon, un vrai gamin de Paris, qui dirigeait et jouait à la fois; il était la coqueluche des ouvrières du quartier. Maxime Lisbonne brûlait littéralement les planches. Malheureusement, en 1868, malgré ses efforts, le théâtre dut fermer ses portes.

Maxime est un type qui restera légendaire. Sous la Commune, il devint colonel. Se souvenant de sa première profession, il portait un costume étrange : grandes bottes à retroussis, tunique à larges parements rouges, éperons à l'orientale, laissant traîner son sabre, qui produisait sur le pavé un bruit épouvantable. Il ressemblait assez à un général du premier empire. Pendant la semaine sanglante, il prouva qu'il n'était pas un soldat de carton, car à la barricade de la rue Amelot, il lutta jusqu'au dernier moment et tomba frappé d'une balle qui lui brisa la cuisse. Transporté par ses camarades, Carrière le ténor et autres, dans une voiture à bras, à l'ambulance de Saint-Mandé, où il subit l'amputation, il passa devant le conseil de guerre, à Versailles, le 4 décembre 1871, et fut déporté en Nouvelle-Calédonie.

IV

La maison de Diomède. — La cochère. — Salvador Daniel. — Markowski et la salle de la rue de Buffault. — Markowski, préfet du Rhône. — Les Arènes athlétiques. — L'homme masqué. — Alfred, le modèle parisien. — Charavet. — Le Vieux-Chêne. — Chiffonnière ou Chiffonnier?

Le prince Napoléon, vers 1864, eut l'idée de faire construire, avenue Montaigne, une *maison romaine* calquée fidèlement sur un palais découvert dans les ruines de Pompéi ; il y entassa tout ce que l'art romain nous a laissé de plus pur.

Les passants, qui voyaient de loin les lumières de la maison romaine, s'imaginaient qu'on s'y amusait bruyamment dans quelque fête nocturne.

La fête nocturne, c'était l'horizon ouvert sur le passé, c'était l'histoire éloquente des mondes disparus, c'était l'évocation des grands artistes, qui mieux encore qu'Hérodote et Tacite nous ont transmis ce rayonnement du beau, qui est un autre soleil pour nous.

En 1867, dégoûté de la *maison romaine*, le prince la mit en vente; déjà les maçons se promenaient devant la maison avec des mètres et des compas; ô profanation! on allait surélever la *maison de Diomède* de quatre étages. La spéculation, cette coquine insatiable, qui ne respecte rien, allait doter la capitale d'une de ces affreuses maisons qui déshonorent l'architecture moderne, toutes bâties sur le même modèle, où la fonte remplace le fer forgé, où l'art disparaît sous la mécanique.

Les amateurs étaient dans la désolation, mais, au dernier moment, tout fut sauvé, M. de Rothschild, d'ailleurs, s'était montré, le prince Couza y voulait établir sa principauté, le général Prim voulait s'y camper.

M. le comte de Quinsonas, qui habitait cette merveille d'architecture gothique séparée de la *maison romaine* par un mur à hauteur d'appui, rencontra M. de Lesseps, un autre voisin, qui rencontra à son tour M. Arsène Houssaye, toujours voisin des choses d'art; survint M. le marquis Costa de Beauregard, qui voulut avoir sa part du musée. Ces messieurs ne causèrent pas longtemps; le jour même (l'adjudication devait avoir lieu le lendemain), M. de Quinsonas alla trouver le prince Napoléon, qui signa de bon cœur en apprenant que la *maison romaine* resterait *maison romaine*.

Le lendemain, quel désappointement à la Chambre des Notaires? Autre déception quand on vendit les marbres, les bronzes, les meubles précieux. Tout Paris était là, qui pour avoir une merveille, qui pour avoir un souvenir.

Tout ce qui était beau, tout ce qui était de style fut acheté à tout prix pour le musée.

La maison pompéienne fut louée à un entrepreneur, M. Ber, qui y donna des concerts, des fêtes de nuit vénitiennes où les dames n'étaient admises qu'en loups.

La princesse de M..., connue par ses excentricités, était une habituée des fêtes données à la *maison romaine*, c'est à elle qu'arriva l'aventure suivante :

Elle conduisait elle-même son phaéton. Au moment où elle sortait d'un concert et venait de reprendre sa place dans la voiture, deux jeunes gens du monde, qui venaient de souper copieusement au MOULIN ROUGE, sautèrent dans le véhicule et lui crièrent :

— Cochère, à l'heure !
— Où vont ces messieurs? dit la princesse de M... avec un grand sang-froid.
— Autour du lac.
— Roulons.

Ils partirent; après deux heures de promenade la princesse les ramena devant la *maison romaine* où elle avait *chargé*.

Les jeunes gens voulaient descendre.

— Messieurs, leur dit la cochère, c'est dix louis.

— Comment?

— Oui, à raison de cinq louis à l'heure.

— Bigre, cent francs de plus que pour aller au Rhin.

— Messieurs, c'est mon prix, dit la princesse; l'industrie des voitures est maintenant libre, si vous ne voulez pas me payer, nous irons chez le commissaire.

Le monde s'amassait.... Les rieurs n'étaient pas du côté des mauvais plaisants, qui finirent par s'exécuter en se promettant bien de ne plus prendre que des cochers.

Inutile de dire que les pauvres profitèrent des dix louis.

M. Ber avait choisi, pour diriger les concerts de la *maison romaine*, un être singulier nommé Salvador Daniel, c'était un musicien étrange, il avait pendant de longues années habité l'Algérie, il avait parcouru la Tunisie, le Maroc, écoutant, recueillant partout les airs populaires, se faisant au besoin virtuose pour gagner la confiance des *artistes*, qu'il rencontrait et s'approprier leur plus secret répertoire.

Il ramassa ainsi une superbe moisson de chansons nationales et des éléments précieux pour une étude comparée des musiques européennes et orientales, il était persuadé que la musique arabe descendait en ligne directe de la musique grecque.

Salvador avait recruté son personnel de musiciens parmi les meilleurs de l'Opéra. Je n'oublierai jamais les sensations que j'ai éprouvées à l'audition de cette musique incohérente, bizarre, étrange, qui blessait l'oreille par ses transitions violentes et ses saccades mélodiques. L'oreille cherchait en vain le repos, l'enchaînement, elle se heurtait à des modulations sauvages, à des escalades révoltantes ; puis à une seconde audition, la lumière se faisait, l'accompagnement monotone des cymbales chargées de remplacer le tarabouque des Orientaux, jetait l'esprit dans un réveil qui avait son charme.

Les fragments de mélodie qui passaient sans que les auditeurs puissent les saisir, qui fuyaient, s'évanouissaient quand ils croyaient les atteindre les captivaient quand même par leur étrangeté et une douceur envahissante,

Salvador Daniel, sous la Commune, fut nommé directeur du Conservatoire et, le 25 mai, fusillé au coin de la rue Jacob. C'était pourtant un être bien inoffensif et un artiste original.

Le *Palais Pompéien* a été célébré par Arsène Houssaye, Théophile Gautier et Charles Coligny, illustré par le peintre Boulanger et le graveur Laguillermie.

De Salvador à Markowski, du *Palais Pompéien* au *Casino Cadet,* quel saut !

Markowski, réfugié polonais, perdu sur le pavé de Paris, imagina de créer un cours de danses, rue Saint-Lazare, puis un autre hôtel de Normandie, il n'obtint aucun succès; à force de démarches, en 1848, il prit la direction des bals d'Enghien, il y gagna une assez jolie fortune, et voulut avoir une maison à lui. Il ouvrit, rue Duphot, un splendide Eldorado où il mangea ce qu'il avait gagné à Enghien.

Retombé dans la misère, mais commençant à avoir une certaine célébrité, il loua un rez-de-chaussée, 12, *rue de Buffault,* et recommença à donner des leçons de danses à quelques cocottes, il s'associa alors à un nommé Covary et tous deux transformèrent le modeste rez-de-chaussée en une salle mauresque qui fut inaugurée le 20 octobre 1857.

Entre temps il composa plusieurs danses de caractère, qui sont encore en honneur dans nos bals publics : *la scottisch, la lisbonnienne, le fango, l'impériale, la friska* furent dansées aux *Variétés* par Mmes Daudoirt et Alphonsine; Christian et Céleste Mogador dansèrent *la scottisch* aux *Folies-Dramatiques.*

La salle Buffault eut promptement la clientèle des horizontales de l'époque : Adèle Courtois, dite la *Belle Hollandaise;* Cornélie Château, Berthe de Ligny, Andréa l'*écuyère*, Clarisse de Montfort, Berthe *la blonde,* etc.; à leur suite vinrent les boudinés.

Markowski, grisé par ses succès, devint puritain, il se livra à des épurations de son personnel féminin, il ne voulait plus que les dames levassent la jambe, il défendit à Hortense Neveu de se décolleter outrageusement, il proscrivit l'éloquence de la chair. Cette mesure occasionna de formidables murmures : un soir, le professeur venait de danser une scottisch avec la *Belle Hollandaise*, le poing campé sur la hanche, il parcourait du regard l'assemblée attendant des applaudissements, quand, tout à coup, de tous les coins de la salle, une avalanche de gros sous tomba sur le tapis ; sans s'émouvoir, Markowski commanda au valet de ramasser la monnaie, fit éteindre les bougies et se retira majestueusement; une heure après il buvait les gros sous en tête à tête avec son domestique chez le marchand de vins du coin.

Il avait évincé les cocottes parce qu'il rêvait d'avoir, à ses soirées, les femmes du monde ; pour les attirer, il fit annoncer qu'à ses fêtes l'eau de Cologne coulerait à flots : les femmes du monde ne vinrent pas. Alors Markowski, vexé, donna une fête espagnole ; il fit distribuer une masse de prospectus et envoya, à tout le faubourg Saint-Germain, des invitations élégantes annonçant une distribution de vins de Champagne : les femmes du monde ne vinrent pas encore. Le brave polonais s'arrachait les cheveux de désespoir !

Vers la fin de 1861, le préfet de police empêcha les fêtes de Laborde, Cellarius et Markowski, ce dernier était dans la désolation. Il alla trouver un député de l'opposition pour le prier d'interpeller le ministre de l'intérieur à la Chambre des députés : le député refusa. Il alla trouver son ambassadeur : « C'est une question de *casus belli,* lui dit-il, ou, alors, qu'on me donne une compensation ; la préfecture du Rhône est vacante, qu'on me nomme préfet !! »

Le pauvre Markowski avançait de vingt ans !

La salle de Markowski fut expropriée pour le percement de la rue Lafayette ; il donna sa dernière fête le 27 juin 1863.

Quelque temps plus tard, on retrouve Markowski au *Casino Cadet,* chez Douix, au Palais-Royal ; il donnait des bals au bénéfice des inondés des buttes Montmartre. Il tint ensuite le bal des canotiers à Saint-Cloud où il inaugura une fête des *quatre saisons;* il fit distribuer des mirlitons à chaque danseur qui, avec, accompagnaient l'orchestre :

>En jouant du mirlitir;
>En jouant du mirliton ;
>En jouant du mir, du li, du ton,
>Du mirliton.

Après Saint-Cloud vinrent les bals de la GRE-NOUILLÈRE-BOUGIVAL et, enfin, au TRIANON-D'AS-NIÈRES. Il menait une vie misérable, rêvant toujours de remonter une grande affaire. Enfin, il mourut en 1880, complètement alcoolisé, dans un taudis complètement abandonné de tous et de toutes, et eut pour apothéose la fosse commune.

Qui se souvient de lui?

Au n° 31 de la rue Le Peletier, vers 1867, chaque soir tout Paris se pressait pour admirer un spectacle qui avait eu une vogue énorme à la salle Montesquieu, vers 1850, au beau temps des lutteurs Arpin et Rabasson. La génération nouvelle avait oublié ces « héroïques luttes à outrance »; c'était pour elle un spectacle nouveau.

L'idée de faire revivre les luttes romaines appartenait à M. Julian, un peintre de talent, méridional. Il se souvenait des luttes admirables auxquelles il avait assisté dans son enfance.

M. Julian parvint à réunir un groupe d'athlètes comme Paris n'en reverra jamais. Pujol, Bonnet, Lebœuf, Marseille le *Meunier de la Palud*, Dumortier, Faouet la *fauve des Jungles*, Lacroix *Va de bon cœur*, Béranger le *superbe Parisien*, James le *Nègre*, Richoux, Louis Vincent, et par dessus tout Alfred Cujaubert le *Modèle parisien*.

Les spectateurs assidus de ces luttes appartenant au grand monde, tout comme à l'Opéra les habits noirs y dominaient. La plupart des notabilités littéraires de l'époque : Alexandre Dumas père, Théodore Barrière, Villemessant, Paul de Cassagnac, etc., y venaient régulièrement applaudir et encourager les athlètes.

Un jour, les journaux publièrent simultanément une note annonçant qu'un homme du monde, qui désirait garder l'incognito, défiait le plus fort lutteur de l'arène, et qu'il lutterait masqué.

Le jour annoncé, la foule fut considérable. La salle était comble. Après plusieurs luttes, vers dix heures, un silence solennel se fit à l'entrée de l'*Homme masqué*, un homme superbement musclé, un torse admirable. Il s'avança lentement, vêtu d'un maillot de soie gris perle, d'un caleçon en velours noir, la taille entourée d'une ceinture en cachemire rouge, le visage caché par un masque noir. Il salua et attendit.

Il devait lutter contre Marseille jeune, un terrible et adroit lutteur. L'*Homme masqué* le *tomba* sans effort; ce furent alors des applaudissements à faire crouler la salle.

Le lendemain, on ne parlait dans tout Paris que de l'*Homme masqué*. Des paris s'engagèrent sur son identité : c'était, suivant les uns, le prince Napoléon; suivant d'autres, le député X... Bref, on citait des masses de noms, mais personne ne découvrit l'inconnu.

Nous le rencontrions pourtant sur le boulevard à chaque heure du jour : c'était M. Charavet.

Pour cacher son identité, voici le truc qui avait été imaginé :

Une voiture de chez Brion, attelée de deux vigoureux chevaux, prenait Charavet à son domicile. Sous ses vêtements, il avait son costume de lutteur; dans la voiture, pendant le trajet, il se dévêtait, mettait son masque et, arrivé à l'arène, il était prêt. La lutte terminée, la foule se précipitait, essayant de saisir ses traits; il montait rapidement dans la voiture qui l'attendait, et le cocher, d'un vigoureux coup de fouet, enlevait ses chevaux, qui partaient comme une flèche dans la direction des Champs-Élysées. Hors d'atteinte des regards curieux, il s'habillait promptement, ôtait son masque, et un quart d'heure après il était assis tranquillement à la terrasse du Café de Suède.

Le tour était fort bien exécuté.

Le favori des dames était Alfred, *le modèle parisien*. Aujourd'hui qu'il est marié, établi boucher en gros aux halles centrales, bourgeois rangé, il faut glisser sur ces souvenirs. Toutefois, Alfred doit se rappeler quand il luttait avec Bonnet, Lebœuf, l'énorme colosse, qu'il le tenait à terre, faisant des efforts surhumains pour le soulever et lui faire toucher les épaules, et que de tous les coins de la salle les spectateurs criaient : Il y est! Il n'y est pas! des voix féminines s'élevaient : Pas de conseils, messieurs!

Que sont devenus tous ces forts?

La moitié au moins sont morts. M. Julian dirige une académie de peinture; Charavet, *l'homme masqué*, est médecin à Nice et c'est en face, sans masque, qu'il lutte maintenant contre la *camarde*;

il la *tombe* souvent, car il a une grande clientèle.

Quant à l'*Arène athlétique*, une maison de banque a été construite sur son emplacement ; on y *tombe* toujours les gogos !

En 1848, sur nos principales places publiques, Baumester et Bouvard chantaient, accompagnés par un orgue de Barbarie, les principales créations du jour. Une chanson, alors en vogue, ayant pour auteur Ch. Colmance, célébrait le BAL DU VIEUX CHÊNE, situé rue Mouffetard, dans une vieille maison construite sur l'emplacement des religieuses hospitalières de la Miséricorde.

Ce bal devait son nom à son voisin, un marchand de vin, qui avait pour enseigne : *Au Vieux Chêne.*

Lorsqu'on parlait du *Vieux Chêne*, on avait tout dit ; c'était un repaire, le *Mabille* des chiffonniers qui, avant d'entrer, devaient déposer *leurs cachemires d'osier*, leurs lanternes et leurs crochets à la porte ; tous les voleurs s'y donnaient rendez-vous, pour de là se répandre, comme une nuée d'oiseaux de proie, sur la capitale endormie, c'était une légende ; le bal du *Vieux Chêne* n'avait rien de lugubre et si plusieurs de ses habitués furent les héros de l'affaire de la *tour de Nesles*, il ne s'ensuit pas de là que tous fussent des criminels.

Certes, ce n'était pas là que le maire de Nanterre, s'il avait manqué de rosières, eût pu venir s'approvisionner ; les hommes n'avaient aucune prétention au prix Montyon, tous venaient s'amuser et voilà tout.

Il arriva à un peintre très connu une aventure bien amusante.

L'artiste voulant croquer sur le vif un de ces types qu'il a rendus célèbres, alla au *Vieux Chêne*, mais auparavant, après un dîner largement arrosé, il fit de nombreuses stations dans différents cafés et, comme il adorait le champagne et que la rue Mouffetard est loin du boulevard Clichy, il arriva absolument éméché... Le lendemain un ami qui vint le voir de grand matin le trouva, malgré un froid piquant, à la fenêtre de son appartement.

— Que diable fais-tu là, lui dit l'ami, tu veux donc attraper une fluxion de poitrine ?

— Non !

— Alors ferme la fenêtre et explique-moi...

— Voilà, fit le peintre, je suis allé hier au *Vieux Chêne*, j'étais un peu gris, j'ai emmené une chiffonnière et ce matin en m'éveillant, j'ai trouvé un superbe brûle-gueule sur mon lit; si ma chiffonnière allait être un chiffonnier.

— Bast! dit l'ami, qui affectionnait les proverbes : « La nuit tous les chats sont gris ! »

Le *Vieux Chêne* a fermé ses portes en 1882.

Un des bouges les plus curieux de Paris, bien plus redoutable que le *Vieux Chêne*, le *Bal Duvert*, fut démoli en 1885; l'immeuble même dans lequel il était établi, depuis 1820, portait sur ses murs verts le n° 102 du boulevard des Batignolles.

Le *Bal Duvert* fut jadis, avec les *Barreaux rouges*, le *Hussard de la Garde* et le *Soldat laboureur*, en grande réputation parmi le monde interlope des barrières; depuis vingt ans il était devenu le rendez-vous de prédilection de tous les *tuteurs* et de toutes les filles de bas étage qui y pullulaient : des poings d'hercule, une grande adresse dans l'art de *suriner* un homme sans le faire crier, une connaissance approfondie de l'argot donnaient seuls droit à l'affection des femmes de l'endroit et au respect des habitués.

L'intérieur était une chose horrible; les murs, noircis par la fumée, étaient gras et luisants, et exhalaient une odeur abominable; des tables gluantes, des tabourets et des bancs cassés étaient tout le mobilier. Chaque jour de bal, des rixes terribles avaient lieu; on y était tellement habitué que les agents n'intervenaient presque jamais.

V

La Butte Montmartre. — La vieille église. — L'abbaye. — Henri IV et Marie de Beauvilliers. — L'image de Jésus-Christ. — Mme de Montmorency et le tribunal révolutionnaire. — La tour du télégraphe. — Le Sacré-Cœur. — Brasseries et cafés. — L'enlèvement des canons. — L'assassinat des généraux Lecomte et Clément Thomas. — L'exécution de Varlin. — Le Moulin de la Galette. — Un souvenir des Prussiens en 1815. — Le Château-Rouge. — L'Hermitage et le bal des Epiciers. — La musette de Saint-Flour. — Les Folies-Robert. — Le Tivoli de Montmartre. — Le chemin des Anes et l'Académie.

Au moyen âge, vers le pied des buttes Montmartre, on voyait de grands et vastes marais traversés par le ruisseau de Ménilmontant, au bout desquels s'établirent la maladrerie de Saint-Lazare, la Grange-Batelière, les Porcherons, le Château du Coq et la Ville-l'Évêque.

Ce ruisseau, dont le nom indique le point de départ, aboutissait à la Seine en traversant le faubourg nord de Paris, de l'Est à l'Ouest; en venant à la ville après l'avoir franchie, on commençait à gravir la montée par plusieurs chemins, dont deux principaux.

L'un suivait le parcours du faubourg Montmartre, passant devant la chapelle de Notre-Dame-de-Lorette, appelée aussi Saint-Jean, rencontrant aussi, en montant, le chemin des Martyrs, le Colombier et l'Abbaye, et plus haut, vers la place de la mairie actuelle, la chapelle du Martyr, dont il gagnait le sommet en serpentant.

L'autre chemin suivait à peu près l'emplacement des rues Montorgueil, du Petit-Carreau, du faubourg Poissonnière, et, après le marais, se dirigeait en diagonale vers la partie Est de la butte, qu'il côtoyait pour aboutir au hameau de Clignancourt; à gauche de ce chemin, une bifurcation conduisait également au sommet par le chemin de la Fontenelle.

En sortant des marais, ces diverses voies traversaient des vignes, des carrières à plâtre, mais à mi-côte, vers l'emplacement des anciens boulevards extérieurs.

Ces exploitations cessèrent; ce n'est qu'après la vente des biens de l'abbaye que la partie haute fut exploitée à son tour.

Cette partie supérieure de la butte Montmartre présentait l'aspect le plus gracieux que l'on pût imaginer; elle était couverte de bosquets de lilas, de vignes, des bouquets de grands arbres ombrageaient les fontaines, un bois s'étendait sur tout le flanc Est de la butte, depuis la chaussée Clignancourt.

Dans un bosquet existait la *fontaine de la Fontenelle*, dont les eaux furent conduites plus tard au Château-Rouge; plus loin et au-dessus, on rencontrait la *fontaine de la Bonne,* dont le nom indiquait la supériorité; c'était elle qui alimentait l'abbaye et les habitants du village.

Sous les arbres du chemin de la Procession, au bas de la rue Saint-Denis, vers le hameau de Clignancourt, il en existait une autre, puis la *fontaine du But.*

Cette dernière, par sa forme et ses ombrages, par les beaux horizons qu'on y découvrait, par les ruines romaines qui l'avoisinaient, rappelait les plus beaux sites de l'Italie; plus haut, vers le couchant, au-dessus des moulins, la fontaine Saint-Denis, ainsi que toutes les autres, fut détruite par les exploitations des carrières.

Enfin, dominant ce magnifique ensemble, le village et l'abbaye, dont les jardins et dépendances descendaient en amphithéâtre sur le flanc Sud de la butte.

En novembre 886, Charles le Gros, pressé de porter secours aux Parisiens, arriva à la tête d'une armée qu'il fit camper au bas de Montmartre.

En 978, l'empereur Othon II, en guerre contre

Lothaire, roi de France, assiégea Paris. Furieux de la résistance qu'il rencontra, il fit incendier un faubourg et alla frapper à une des portes de la cité d'un coup de lance. Satisfait de cet exploit, il monta triomphalement sur les buttes Montmartre et fit chanter solennellement un *Alleluia*.

La vieille église que nous voyons aujourd'hui appartenait à un nommé Payen et à son épouse, Hodierne; ils la tenaient en fief de Burchard de Montmorency. Ayant obtenu le consentement de Burchard, ils la vendirent en 1096, avec les produits des sépultures de l'autel et tout le casuel, en un mot, aux religieux de Saint-Martin-des-Champs. Louis le Gros céda, en 1133, à ces religieux, l'église Saint-Denis de la Chartre, en échange de l'église de Montmartre. Après cette transaction, le roi et son épouse, Adélaïde, fondèrent à côté de l'église actuelle, sur l'emplacement qu'occupe le *Sacré-Cœur*, un monastère de religieuses.

Sur la pierre servant de maître-autel, le pape Eugène III officia solennellement le 21 avril 1147, ayant pour diacre saint Bernard, et pour sous-diacre saint Pierre le Vénérable.

C'est dans ce monastère que fut enterré la reine Adélaïde, femme de Louis le Gros. En 1376, Charles IV s'y rendit en pèlerinage, un énorme cierge à la main, afin de remercier Dieu de l'avoir sauvé des flammes lors de la fameuse fête du *Ballet des Sauvages*.

Le 15 août 1534, Ignace de Loyola partit du Parvis Notre-Dame avec une petite troupe ; ils chantèrent sur tout le parcours quelques versets des hymnes matinales ; François Xavier et Pierre Faber étaient du nombre.

Ils se rendirent à l'abbaye de Montmartre, où ils prononcèrent leurs vœux.

Henri IV, lorsqu'il assiégeait Paris, en 1590, fit de Montmartre son quartier général. A cette époque, la mère abbesse était Marie de Beauvilliers, âgée de seize ans et jolie comme les amours, un vrai morceau de roi.

En arrivant au monastère, le bon roi demanda à l'abbesse le nombre de ses religieuses ; il se trouva que le nombre des directeurs était moindre ; Henri IV en fit quelques plaisanteries. « Vous avez raison, Sire, dit ingénument l'abbesse ; mais Votre Majesté ne songe pas qu'il faut bien quelques religieuses pour les survenants ! »

Les seigneurs de la suite d'Henri IV félicitèrent la jeune abbesse de cette prévoyance et complétèrent avantageusement les directeurs.

L'abbaye n'était pas riche à cette époque, les religieuses devaient 100.000 livres, somme énorme alors. Le jardin était en friche ; les jardiniers avaient bien autre chose à cultiver ; les murs tombaient en ruines, le réfectoire était converti en bûcher ; le cloître, le dortoir et le chœur en promenades ; les nonnes ne chantaient plus l'office, elles préféraient, le soir, entendre chanter le rossignol et le roitelet sous les charmilles; les moins..... travaillaient pour vivre et mouraient presque de faim; les jeunes se montraient fort mondaines; les vieilles..... leur prêtaient une oreille trop complaisante. La jeune abbesse voulut soumettre les religieuses à une règle plus sévère, elle mourut empoisonnée; de vouloir rentrer dans le sentier de la vertu, cela ne lui porta pas chance.

Il y avait dans l'abbaye une image de Jésus-Christ; les bonnes femmes avaient la croyance que cette image rendait bons les mauvais maris. Pour cela il suffisait de faire toucher la chemise des maris à l'image en question, et s'ils ne devenaient pas meilleurs dans l'année, ils mouraient.

Quel malheur que cette image miraculeuse n'existe plus, elle aurait remplacé avec avantage les tribunaux chargés de prononcer sur les cas de divorce.

En 1760, Marie-Louise de Laval, duchesse de Montmorency, fut élevée à la dignité d'abbesse; elle fut guillotinée en 1793, avec toutes ses religieuses.

Pendant qu'elles étaient *jugées* par le tribunal révolutionnaire, Mme de Montmorency demeurait muette aux interpellations du président Dumas; celui-ci, furieux de ce silence qu'il prenait pour du mépris, demanda :

— Pourquoi cette femme ne répond-elle pas?

— Parce qu'elle est sourde, dit timidement une religieuse.

— Je ne m'étonne plus, dit Dumas, qu'elle ait conspiré sourdement!

En 1436, Agnès Desjardins, abbesse de Montmartre, était poursuivie à outrance par ses créanciers; elle abandonna tranquillement l'abbaye et alla loger à l'hôtel du Plat d'Étain, rue Saint-Honoré; plus heureuse fut Louise-Émilie de la Tour-d'Auvergne, qui donna son nom à la rue de la Tour-d'Auvergne, parce que non loin de cette rue, au bout du chemin de la Nouvelle-France, les religieuses de Montmartre possédaient un moulin des champs.

Une autre abbesse, Mme de Rochechouart, fut la marraine de la rue et du boulevard de ce nom.

En 1745, Montmartre ne contenait que deux cent vingt-trois feux, environ huit cents habitants; il en compte aujourd'hui plus de quatre-vingt mille.

La colline de Montmartre a environ 500 mètres de hauteur.

En 1793, la vieille abbaye fut transformée en temple de la *Raison*. Une jeune et jolie fille de l'endroit y figurait la déesse.

Quelque temps plus tard, les biens de l'abbaye furent vendus et les bâtiments démolis; il subsista néanmoins une tour qui était située à l'extrémité des bâtiments de l'ancienne abbaye.

Dans cette tour, les criminels de toutes sortes avaient le privilège de trouver un asile inviolable.

Aussitôt l'invention du télégraphe par l'ingénieur Chappe, cette tour fut affectée au télégraphe aérien; elle fut démolie le 7 mai 1866.

Montmartre a perdu sa physionomie champêtre. Adieux guinguettes, balançoires, chevaux de bois, déjeuners sur l'herbe. La plupart des cabarets où naguère les Parisiens, trop paresseux pour aller au loin, venaient, le dimanche, manger le lapin traditionnel et le fricandeau à l'oseille sous les tonnelles ombragées de vigne vierge et de clématites, ont dû fermer boutique devant le bouleversement des buttes, pour y construire l'église du Sacré-Cœur.

Adieu les égrillardes et spirituelles chansons de nos pères. Dans un avenir prochain, les lugubres chants d'église les auront remplacés, les accords joyeux d'un orchestre improvisé feront place aux accents aussi solennels qu'ennuyeux du grand orgue, la fumée de l'encens succédera au fumet du rôti de veau, les robes blanches de nos mères seront converties en surplis pour les hommes noirs; plus de quadrilles, plus de polkas, des processions et des psalmodies; la marchande de chapelets et d'images rendant la vue aux aveugles remplace déjà la marchande de gaufres, d'oublies, de moules et de pommes de terre frites.

Pauvre butte! tu ne verras plus, les lundis,

les ouvriers dormir sur l'herbe verte qui tapissait tes flancs ; tu n'entendras plus Gavroche crier en les voyant : — Tu vas attraper une indigestion de soupe à l'herbe !

Si les cabarets jadis renommés sont fermés, en revanche, à tous les coins de rues se sont ouvertes des brasseries où viennent flâner les noctambules et les *ratés* de la peinture et de la littérature.

Autant de brasseries, autant de petites chapelles où, chaque soir, le pontife du lieu officie la pipe à la bouche et le bock en main, au milieu d'un tas de crétins qui l'admirent en l'encensant, espérant que quelques parcelles de la gloire du maître retombera sur eux.

Ce qu'on entend d'énormités dans ces *bibines* soi-disant artistiques, c'est incroyable.

Un mauvais gratteur de guitare jure que Meyerbeer manquait de science musicale, qu'il ignorait les règles de l'harmonie, que Darcier le dépassait de cent coudées, et qu'il préfère les *Doublons de ma Ceinture* à *l'Africaine*.

Un mauvais rimailleur déclare que Lamartine est une panade, Ponsard un ramolli, Casimir Delavigne un fossile, Alfred de Musset un hystérique, que lui seul est le poète de l'avenir et le prouve en chantant une chanson idiote, grossière, où les fleurs de rhétorique sont remplacées par les odeurs chères aux vidangeurs.

Ingres, Messonier, Robert-Fleury, en un mot,

tous nos grands peintres, l'honneur de l'école française, sont jugés, dénigrés, rapetissés par des rapins incapables de peindre proprement une enseigne de charbonnier.

Dans ces brasseries, c'est un *débinage* perpétuel contre tous les *arrivés*, il suffit d'avoir un peu de talent pour être un propre à rien; en dehors d'eux, rien n'existe.

Et les femmes?

Elles s'étalent, fument, boivent, la plupart sont vieilles, elles sont les dignes pendants des *croûtes* qui garnissent les murs; d'étapes en étapes, elles ont échoué dans ces caboulots, comme la baleine échoue sur la grève, et les *ratés* en font leurs choux gras.

Fleur d'Eczéma, Tarte à la Crème, la Calebasse, Cuir à Rasoir, sont les noms des Égéries échappées de Lazare ou de lupanars qui posent chaque soir pour la galerie.

Dans l'une de ces brasseries, j'ai entendu chuchoter l'histoire suivante, par un bon petit camarade, sur un autre membre de la société d'admiration mutuelle qui se pique d'être un fort latiniste; du reste, le conteur est surnommé *la machine à casser du sucre.*

— Un académicien célèbre par son habileté à s'approprier les idées des autres pour en faire des drames ou des comédies, a pris pour secrétaire notre ami H....., qui connaît si bien son latin.

Je ne parle pas du français, quoiqu'il lui arrive parfois d'écrire orange avec un h et obélisque avec un x, cela peut arriver à tout le monde, mais le curieux de la chose, c'est que l'académicien, pour gagner du temps, a fait prendre à son secrétaire sa propre écriture, et il y est si bien arrivé qu'il est impossible de distinguer les pattes de mouches de l'immortel des pattes de mouches de l'humble mortel qui lui sert de secrétaire.

Ces temps derniers, l'académicien dictait à H... un travail politique sur le passage du Rubicon, destiné à la *Revue des Deux Mondes*. — ... Allons, s'écria César, où nous appellent la voix des dieux et l'injustice de nos ennemis : *Alea jacta est!* Savez-vous comment H... écrivit ces trois derniers mots?

Allez à Jacta (Est).

Faites donc partie d'une chapelle pour être arrangé ainsi !

On rencontre presque tous les soirs, dans les brasseries les plus mal famées du boulevard qui entoure Montmartre, le roi des ratés, grand mal peigné, une face de gorille, parlant haut de tout et de tous avec une faconde inépuisable, ignorant comme plusieurs carpes, attribuant la Vénus de Milo à David d'Angers ; en 1848, car il n'est pas jeune, il déjeunait avec les montagnards de Caussidière, dans le cabinet du secrétaire général, dont ils avaient fait une salle à manger ; il y avait un splendide portrait de Louis-Philippe appendu aux murs ; un farouche l'aperçut ; tout aussitôt il bondit de colère et d'indignation : — Pourquoi n'a-t-on pas enlevé le portrait du tyran, dit-il au domestique ahuri ; citoyens, il faut le crever ; ce disant, il tira son sabre : vingt montagnards en firent autant ; arrêtez, leur cria notre homme, c'est un *Rubens!!*

Ce *raté* de 1830 est un sculpteur ! Il a fait son apprentissage chez Gervais le célèbre marchand de fromage, et fabrique pour les charcutiers ces jolis motifs de saindoux que nous voyons étalés à leurs devantures les jours de grandes fêtes : le triomphe de Neptune, Amphitrite sortant des eaux ou une chasse au sanglier dans l'abattoir de La Villette.

La butte Montmartre fut vaillamment défendue en 1814, contre les troupes alliées.

En 1871, elle fut non moins vaillamment défendue, mais, hélas ! ce n'était pas le drapeau tricolore qui était le *palladium* des combattants : c'était l'immonde drapeau rouge.

C'est à Montmartre que la Commune commença, lors de la capitulation de Paris.

Afin que les canons ne tombassent pas entre les mains des Allemands, ils avaient été conduits dans des parcs, place des Vosges et Parc Monceau.

Les fédérés, déjà organisés, prirent les canons du Parc Monceau, les hissèrent sur les hauteurs des buttes et les braquèrent sur Paris,

M. Thiers, que la vue de ces canons agaçait prodigieusement, résolut de les faire descendre coûte que coûte ; il réunit quelques généraux, et tout en leur demandant avis, avis qui fut contraire au sien, l'obstiné et irascible vieillard leur donna ordre d'être prêts pour le lendemain 18 mars, quatre heures du matin.

Il avait choisi cette heure matinale parce qu'il espérait que les fédérés qui gardaient les fameux canons seraient endormis ; il s'agissait donc d'une surprise.

Les généraux obéirent, et à six heures du matin les soldats s'étaient emparés des buttes Montmartre.

Mais ils attendaient les attelages indispensables pour descendre les canons.

Pendant ce temps, le rappel avait été battu ; les gardes nationaux fédérés accoururent en armes, la population entière se répandait dans les rues ; les femmes, les enfants, les vieillards, se mêlaient aux hommes armés ; tout ce monde, en un clin d'œil, entoura les soldats, et, vieille histoire, cria : —Vive la ligne ; nous sommes vos frères ; vous ne tirerez pas sur nous ?

Peu à peu la foule devint compacte ; elle se resserra au point de former une barrière infranchissable.

On fit boire les soldats et on leur enleva leurs armes.

La foule était excitée au plus haut degré : on lui

apprit que la veille le général Vinoy avait envoyé deux de ses officiers d'état-major, déguisés en ouvriers maçons, pour lever le plan de Montmartre, plan qui servit plus tard à l'entrée des troupes de Versailles.

Vers huit heures et demie du matin le général Lecomte fut arrêté et conduit aux buttes, puis, de là, au Château-Rouge.

Après une infinité de pourparlers, le général fut extrait du Château-Rouge ; la haie se forma : les officiers furent placés au milieu, le général en tête ; le cortège fit le tour des buttes Montmartre ; pendant ce temps les clairons jouaient des marches triomphales, les tambours battaient la charge, les femmes et les enfants vociféraient : A mort ! Pour se rendre rue des Rosiers, le cortège, qui s'était grossi en route d'une foule innombrable, mit cinq fois plus de temps qu'il n'en fallait, prolongeant ainsi inutilement l'agonie du malheureux général.

Arrivé rue des Rosiers, le général Lecomte se trouva avec le général Clément Thomas, qui avait été arrêté par le 152ᵉ bataillon, boulevard Pigalle, en face de la Boule-Noire et qui attendait son supplice depuis plusieurs heures.

Après des discussions animées, sur le genre de mort à appliquer aux deux premières victimes de la révolution, il fut convenu qu'on les fusillerait.

On voulait fusiller le général Lecomte dans la chambre du rez-de-chaussée, il refusa et alla seul dans la cour; alors, aussitôt un coup de fusil le frappa par derrière, cent coups suivirent; Clément Thomas fut placé au mur et un feu de deux rangs commença, on peut juger de l'acharnement des bourreaux par ce détail : on trouva dans le corps de Clément Thomas *soixante-dix balles.*

Il faut mettre en regard de l'assassinat des deux généraux, l'exécution de Varlin qui présente une certaine analogie.

Le 28 mai 1871, à quatre heures du soir, Eugène Varlin passait rue Lafayette, au coin de la rue Cadet, il fut reconnu par un prêtre, chevalier de la Légion d'honneur, il le signala au lieutenant Sicre, du 67e de ligne, qui passait en ce moment; le prêtre et l'officier, aidés de quelques soldats, arrêtèrent Varlin, lui lièrent les mains derrière le dos; on le conduisit à Montmartre devant le général de Laveaucoupet; il ne nia pas son identité; il fut d'ailleurs reconnu par diverses personnes; le général donna l'ordre de le fusiller; le funèbre cortège reprit sa marche, escorté d'une foule énorme, qu'on peut évaluer à environ quatre mille personnes; on promena Varlin ainsi plus d'une heure; enfin, on le conduisit rue des Rosiers, on le plaça contre le mur où avaient été fusillés les généraux Lecomte et Clément Thomas; le lieutenant Sicre, qui avait opéré l'arrestation, commanda le feu, Varlin tomba aussitôt foudroyé.

Un détail extraordinaire, qui prouve jusqu'à

l'évidence, l'affolement qui régna longtemps après la Commune :

Le quatrième conseil de guerre rendit un jugement le 30 novembre 1874, qui condamnait Varlin à la peine de mort, par contumace, alors que l'autorité militaire avait dû être informée par le colonel du 67ᵉ de ligne, à qui le lieutenant Sicre avait adressé un rapport circonstancié, le soir même de l'exécution de Varlin.

L'exécution de Varlin était illégale, dirent les journaux qui défendaient ses idées; est-ce que le rapport suivant, adressé au Comité-central était légal ?

Rapport du 20 au 21 mars 1871

A dix heures, deux sergents de ville, déguisés en bourgeois, sont amenés par mes francs-tireurs et *fusillés* de suite.

A midi vingt minutes, un gardien de la paix, accusé d'avoir tiré un coup de revolver, est *fusillé*.

A sept heures, un gendarme, amené par des fédérés du 24ᵉ bataillon, est *fusillé*.

Le général commandant supérieur de la 18ᵉ division militaire,

GANIER D'ABIN.

Laissons de côté ces vilains et cruels souvenirs, pour revenir à des choses plus riantes.

Les vieux moulins qui sont au sommet de la butte et que par un temps clair on aperçoit du boulevard des Italiens, sont les anciens moulins de l'abbaye, l'un d'eux porte la date de 1295.

Un industriel intelligent songea à les utiliser comme observatoire ; en effet, on découvre du haut de ces moulins qui dominent la rue Lepic, un merveilleux panorama, Paris tout entier.

Catherine de Médicis, qui habita au bas de la butte, du côté du versant qui regarde Saint-Ouen, le *Château des Brouillards*, fit installer un méridien, au sommet de la butte, au milieu des moulins.

Peu à peu la butte se peupla de maisons bourgeoises, de châlets, de petits châteaux et forma bientôt un village charmant.

L'un de ces petits châteaux était, en 1814, habité par le comte de Saint-Ernemont ; il avait épousé une vieille marquise de Pomponay, qui, en lui apportant une jolie fortune, le rendit beau-père d'une très aimable personne, alors en âge de mariage.

Ce bon Saint-Ernemont désirait avec ardeur le retour des Bourbons, ses vœux furent comblés en 1814.

L'année suivante, il vit avec effroi revenir Napoléon ; plein de confiance, il attendait patiemment que la providence vînt au secours du prince de son cœur.

Après Waterloo, les Prussiens arrivèrent à Paris ; de Saint-Ernemont, dont le zèle se réveilla, alla à leur rencontre jusqu'à Saint-Denis ; il portait un drapeau blanc et était suivi d'un groupe de royalistes, qui criaient à tue-tête : Vive le Roi !

Il fut néanmoins assez mal accueilli par les Prussiens ; mais pour l'instant, il en fut quitte pour quelques coups de crosse au bas du dos.

Sachant que les troupes allemandes devaient occuper Montmartre, Saint-Ernemont, sans rancune, se hâta de donner l'ordre à ses gens de préparer un splendide déjeuner pour l'état-major ; l'ennemi, en effet, arriva promptement.

Saint-Ernemont fit son invitation en grande cérémonie ; les officiers acceptèrent ses offres et firent leur entrée au château.

Tandis qu'au salon ces messieurs buvaient et se restauraient, des soldats allaient et venaient dans la maison ; c'étaient des amis, on était naturellement sans défiance.

Cependant Saint-Ernemont entendit tout à coup un certain bruit dans la chambre, au-dessus de la salle à manger, il pria la jeune et charmante Rosalinde d'aller voir ce qui se passait.

La jolie enfant monta et trouva des soldats qui, n'ayant pu forcer le secrétaire, en avaient ôté le marbre et l'avaient défoncé à coups de crosse.

La vue de la belle jeune fille réveilla chez les soldats je ne sais quel démon, et soudain........
....

Étonné du temps que la jeune fille mettait à

revenir, Saint-Ernemont pria sa femme d'aller voir ce qu'elle est devenue.

La bonne vieille dame prit sa béquille, monta dans la chambre, et, nouvelle victime............
....

Enfin, impatienté de ne voir revenir personne, Saint-Ernemont monte à son tour..............
....

O spectacle plein d'horreur!

Les soldats s'en allèrent; les dames, diversement émues, passèrent dans leurs appartements.

Saint-Ernemont, après avoir réparé le désordre de sa toilette, alla se plaindre, en termes énergiques, aux officiers, qui continuaient de festoyer.

— Quoi! Messieurs, fidèle serviteur de mon roi, moi qui ai vu en vous les *libérateurs* de notre belle France, moi qui vous ai fêtés comme des amis, je suis volé, offensé dans ce que j'ai de plus cher, ma femme et ma fille, moi-même.

— .... Ce qui vient de vous arriver est malheureux, sans doute, dirent les officiers; mais, hélas! nous ne pouvons y apporter aucun remède!!

Le pauvre Saint-Ernemont n'avait pas besoin qu'on le lui dît...

Aujourd'hui, les rues sont bâties, presque toutes les maisons se touchent, quelques-unes seulement ont conservé leurs jardins.

Quant au *Moulin de la Galette,* on n'y danse plus

sur la pelouse ; le propriétaire a fait construire une salle de bal, une des plus jolies de Paris.

Le CHATEAU-ROUGE avait été donné par Henri IV à Gabrielle d'Estrées. Des propriétaires qui suivirent, il n'en est fait mention nulle part. Le souvenir le plus éloigné date du 30 mars 1814. Le roi Joseph, frère de Napoléon Ier, l'occupa militairement et y présida le conseil de défense de Paris. Un chef d'état-major, M. Allent, directeur du dépôt des fortifications, d'une des fenêtres du château, constatait les progrès rapides de l'invasion à travers la plaine Saint-Denis.

Le roi Joseph autorisa le duc de Trévise et le duc de Raguse à entrer en pourparlers avec le prince de Schwarzenberg.

C'est en 1845 seulement que les jardins furent transformés en salle de bal par M. Bobeuf.

Le *Château-Rouge* avait une physionomie particulière ; c'était en quelque sorte le Mabille de Montmartre ; il était situé chaussée Clignancourt. Parmi les célébrités, nous retrouvons là Chicard, Brididi, Rigolette et Finette, un quadrille auprès duquel les Clodoches n'étaient que de vulgaires croque-morts.

Brididi était un homme de génie. Un soir, il devait y avoir une grande fête au *Château-Rouge* ; le tout-Paris dansant était convié plusieurs jours à l'avance ; les journaux racontaient les splendeurs qui devaient émerveiller la capitale. Brididi voyait arriver avec terreur la date fatale ; il était sans le sou, il ne pouvait aller danser ! Une fête sans lui, ce n'était plus une fête. Pas de gants, pas de quoi se faire friser au petit fer. Quel malheur ! comment faire ?

Il confectionna deux cents billets sur de vieux morceaux de carton ; le numéro gagnant devait empocher cent sous !

Il plaça ses deux cents billets parmi ses amis ; il lui restait donc quinze francs !

Les partisans de la réforme donnèrent au *Château-Rouge* un banquet, à la veille de la révolution de février 1848.

Le *Château-Rouge* a été démoli en 1882, et sur son emplacement on a construit une immense quantité de maisons.

Au boulevard des Martyrs, il existait aussi un bal célèbre dans le monde des merciers de la rue Saint-Denis, il se nommait l'Hermitage. Il était de mode de n'y boire que de la bière et de ne manger que des échaudés. Sous la Restauration et sous la seconde République, ce bal eut une grande vogue ; on l'avait surnommé le *Bal des Épiciers*, à cause de la grande quantité de garçons de la rue des Lombards qui y venaient en compagnie de leurs voisines, les confiseuses. Il disparut en 1862.

Quelques pas plus loin, les passants s'arrêtaient devant une immense enseigne représentant un gigantesque Auvergnat en manches de chemise, un gilet bleu, coiffé d'un fez rouge, et soufflant, de toute la force de ses robustes poumons, dans une musette; c'était le rendez-vous des porteurs d'eau et charbonniers du voisinage, la bière et les échaudés n'avaient pas droit de cité; le litre à douze était seul admis.

Cette *musette* fut également fermée en 1862.

En suivant le boulevard des Martyrs, on rencontrait le boulevard Rochechouart, qui y faisait suite; au n° 18, au fond d'une impasse, sur la droite, on voyait une marquise éclairée par un bec de gaz, on lisait sur un transparent : *Folies Robert*.

Robert était un professeur de danse qui enseignait *la fricassée, la gavotte, la marinière* et *la polichinelle*. Le public, assez mélangé, n'avait pas de couleur spéciale, c'était de vrais danseurs qui usaient leurs souliers pour leur compte et n'étaient pas payés à la soirée, comme à *Mabille* ou au *Casino*, 2 francs par séance et un bock pour s'amuser sur commande.

Il y eut là une pépinière de véritables reines du cancan : Chicardinette, Cigarette, Elisa belles jambes, le Bébé de Cherbourg, Cerisette, Gabrielle Accroche-Cœur, Berthe la Zouzou, enfin la Balafrée.

Ce bal fut inauguré le 29 décembre 1856, Olivier Métra y dirigea l'orchestre.

Le *Tivoli Montmartre* était construit sur l'emplacement des jardins de l'abbaye, près de la chaussée Clignancourt; on en voit encore aujourd'hui les vestiges à droite de la façade du Sacré-Cœur; c'était un bal champêtre qui avait une grande vogue l'été.

En 1799, l'attention du monde savant fut attirée par les fossiles que l'on découvrit dans les flancs de la butte, et aussi par une pierre enfoncée profondément, que des terrassiers mirent à jour.

Sur cette pierre se trouvait cette inscription :

```
            IC
    I              LEC
         HEM
         INDE
   SAN           ES
```

L'académie des inscriptions fut convoquée; elle se rendit solennellement sur la butte, la pierre mystérieuse, qui avait été soigneusement enveloppée d'une bâche, fut découverte, puis retournée dans tous les sens.

Les uns opinaient pour du latin; ce devait être la pierre tombale de quelque martyr contemporain de saint Denis ou de saint Eleuthère; d'autres affirmaient qu'elle avait dû servir d'autel dans un temple païen consacré à Bacchus; enfin, après bien des discussions, ne pouvant s'entendre, ils nommèrent une commission.

La commission vint examiner à son tour la fameuse pierre; elle fut d'avis qu'il fallait faire des fouilles pour retrouver d'autres vestiges du temple auquel elle avait appartenu ; bref, ce fut le sacristain de l'église de Montmartre qui tira d'embarras la docte académie, il expliqua l'inscription énigmatique de la manière suivante :

Ici le chemin des ânes.

Nos érudits, qui avaient si souvent gravi le sentier que la pierre indiquait, firent une tête........
On rit longtemps dans Paris de cette comique aventure.

VI

La Courtille. — Masques et Chienlits. — Folies-Belleville. — Mathorel, Flourens et Vermorel. — Le Bouquet du Commissaire. — Désiré Cabas. — Embrasse-moi, mon Ange. — La Chique pectorale. — Trouillou, dit Joli Cœur. — Le Vol, c'est la revendication du Droit. — La Sueur du Peuple. — Nini la Duchesse. — Le Bal Favié.

C'est à peine si les vieux Parisiens se rappellent la descente de LA COURTILLE. Pendant de longues années, au sortir des plus fameux bals de Paris : l'Opéra, le Prado, Bullier, Pilodo, l'usage voulait, afin d'enterrer dignement le carnaval, que les masques se réunissent par groupes et allassent finir leur nuit dans les bals crapuleux et dans les guinguettes puantes de *la Courtille*.

La Courtille était située au haut du faubourg du Temple, et commençait immédiatement une fois la barrière de Belleville franchie.

La grande voie qui conduit aux Prés-Saint-Gervais et au célèbre village des Lilas, se nommait la rue de Paris ; les chienlits, débardeurs, titis, mousquetaires, chicards, dieux de l'Olympe et pioupious grotesques, venus là de tous les points de Paris, à pied, crottés comme des barbets, à moitié abrutis, se répandaient dans les cabarets, à droite et à gauche de la rue de Paris : *à la Vielleuse, au Pot-Brun, au Grand Vainqueur* et s'achevaient avec du vin bleu, du punch à l'eau-de-vie de betterave, sucré avec de la mélasse, ou à coups de demi-setiers de marc, ingurgités dans d'épais verres gras, égueulés, lavés seulement par les lèvres des buveurs, les coudes appuyés sur des tables en bois blanc. qui conservaient les odeurs condensées de tous les liquides et de toutes les sauces, que les ivrognes répandaient sur elles chaque soir.

Les huppés, les rupins, arrivaient en voiture découverte, en longue file, bravant la pluie, le vent, la neige ou la grêle ; les hommes, la chemise fripée, la cravate de travers, le chapeau bossué en accordéon ; les femmes, décolletées, les épaules bleuies, grelottantes malgré leurs fourrures, les cheveux en désordre, le visage flétri, sur lequel le rouge et le blanc creusaient des sillons livides, ils se rendaient au *Point du Jour*, à *la Pèlerine*, chez *Le Père Desnoyers*. Le champagne remplaçait le vin bleu ; les truffes, les pommes de terre frites ; les soles normandes, les moules nature (l'huître du prolétaire), mais ce n'était pas plus propre pour cela ; si le langage différait, l'orgie était la même, aussi dégoûtante.

Quelques-uns, plus infatigables, allaient danser sous l'œil paternel de l'impassible municipal, au bal *Favié* ou aux *Folies-Belleville*, le pas du hareng saur en détresse, sur l'air du docteur *Isambard*, puis le jour arrivait, perçant à grand' peine le brouillard glacé de février ou de mars ; alors tous les chienlits, hommes du monde, ou populo, sortaient des bals et des cabarets et la *Descente de la Courtille* commençait.

Les gens à pied engueulaient les gens en voiture ; ceux-ci ripostaient en jetant à tort et à travers des poignées de farine, des dragées en plâtre, des pommes cuites ou des oranges, et répondaient par des injures grossières.

Un amour en maillot rose, maculé de graisse et de vin, tenant ses ailes sous son bras, chaussé de socques, descendait philosophiquement la rue, accompagné d'un arlequin qui, au lieu de la batte traditionnelle, portait un immense parapluie de calicot jaune. Une laitière, qui avait perdu ses souliers de satin blanc, piétinait sur ses bas dans la boue, accrochée au bras d'un gigantesque garçon boucher, déguisé en hercule ; c'était un méli-mélo incroyable ; les cris assourdissants se croisaient de toutes parts, des fenêtres, de la rue, du trottoir ; les sonneurs de trompe entonnaient l'hallali, pendant que les orgues de Barbarie jouaient chacun un air différent.

Le catéchisme poissard était fort en honneur dans cette petite fête de famille.

Au coin du faubourg du Temple et du canal Saint-Martin, il existait un marchand de vins qui avait pour enseigne : *Aux Vendanges de Bourgogne;* Chicard y donna des bals, alors en grande réputation. Le plus souvent ils se transformaient en orgies dégoûtantes. De l'une des fenêtres qui donnaient sur le canal, les matins de descente de Courtille, *Milord l'Arsouille* jetait à la foule amassée des pièces de 5 sous et de 10 sous qu'il faisait chauffer dans la graisse bouillante. C'était épouvantable de voir cette masse se ruer, se bousculer, se rouler dans la boue, se battant, se déchirant afin de ramasser la monnaie brûlante. La vogue des *Vendanges de Bourgogne* disparut avec la descente de la Courtille.

Vers sept heures du matin, la foule écoulée de la Courtille par le faubourg du Temple, les ivrognes ramassés dans les ruisseaux et logés au poste pour y cuver leur vin ; les balayeurs arrivaient, quelques seaux d'eau et un vigoureux coup de balai, et la place était nettoyée jusqu'à l'année suivante.

A cette époque (1859-1860) le bal Favié et les Folies-Belleville étaient en grande réputation dans toute la banlieue de Paris ; la lie de la population s'y donnait rendez-vous les dimanches et lundis; filles publiques, marlous, forçats en rupture de ban, voleurs, escarpes de tous genres, gibiers de centrale, de Cayenne ou de guillotine constituaient leur unique clientèle.

A la sortie de ces bals, des rixes terribles avaient lieu fréquemment, les habitués se disputaient la possession d'une fille publique, à coups de poing et souvent à coups de couteau.

Ils se battaient dans les rues Vincent et Desnoyers, admirablement appropriées pour cela, ces luttes étaient acharnées, féroces; le suprême du genre, le comble de la force, consistait à manger le nez de l'adversaire, les camarades faisaient cercle autour des combattants; si un passant indigné faisait mine d'intervenir : —Laissez-les, disaient-ils, ce sont des amis qui s'expliquent.

C'est que c'était une grosse affaire que de posséder une fille en vogue qui ne renâclait pas sur le *turbin*, et qui régnait en souveraine au bon coin du trottoir; l'existence du souteneur en dépendait : luxueuse si la fille rendait, médiocre ou *décharde* si elle *cannait*.

Chaque barrière avait sa terreur, recherchée des filles et redoutée des hommes; c'était ordinairement un garçon boucher ou un maquereau de profession (les deux quelquefois allaient de pair), renommé pour sa force, sa férocité et son adresse. Il arrivait parfois qu'une terreur d'une autre barrière, Montparnasse ou du Trône, jalouse des lauriers de la terreur de la Courtille, venait au bal des *Folies* pour lui chercher querelle, alors la lutte s'engageait jusqu'à ce que l'un d'eux fût hors de combat.

Belleville n'était pas pour cela un repaire, c'était, il y a vingt-cinq ans, un faubourg champêtre : le dimanche et le lundi, les bandes d'ouvriers, accompagnés de leurs femmes et de leurs enfants, gravissaient la côte et envahissaient les cabarets ; les chansons partaient des tonnelles, au fond des bosquets ; les refrains étaient marqués par le cliquetis des verres. Le soir, on dansait au son du violon, de l'accordéon ou de l'orgue de Barbarie. Dans beaucoup d'endroits, on faisait sa cuisine soi-même : au *Lapin qui fume,* au *Sureau sans pareil,* au *Petit Bonhomme qui chie;* mais, dès le mardi matin, tout rentrait dans l'ordre, et les bourgeois vivaient paisiblement au milieu des lapins et des choux.

En 1859-1860, Belleville fut annexé à Paris et devint l'un des quatre-vingts quartiers de la capitale ; le village forma un des quatre quartiers dont le tout constitua le vingtième arrondissement.

Aussitôt la barrière tombée, Belleville changea d'aspect comme par enchantement. Adieu, guinguettes ; adieu, tonnelles ; adieu, lilas ; adieu, chansons. Les merles quittèrent les bosquets, les bourgeois émigrèrent à Fontenay-aux-Roses, à Bois-

Colombes et à Auteuil ; ils étaient chassés par une nuée d'ouvriers, chassés eux-mêmes du centre de Paris par les démolitions successives des petites rues pour établir les grandes voies.

Sur l'emplacement des jardins, d'immenses maisons s'élevèrent. Les déclassés, les gens sans aveu arrivèrent de toutes parts, des garnis de tous ordres et à tout prix s'ouvrirent pour recevoir cette bohème.

Belleville devint une sorte de ville ouvrière, vaste ruche, non sans quelques frelons ; mais c'était une ville pacifique qui ne ressemblait en rien au Belleville de nos jours.

Quand l'Empire nous eut rendu la moins utile et la plus dangereuse de toutes les libertés, celle qui causa sa chute plus encore que la guerre de 1870, la liberté des réunions, les salles de bals devinrent des clubs les jours où on ne dansait pas.

Le *Salon des Folies-Belleville* était situé à droite en montant la rue de Paris, il occupait un immense carré de terrain, en retour de la rue Desnoyers et de la rue Lémon. Une fois la porte d'entrée franchie, on pénétrait de plain pied dans une salle d'un aspect assez propre ; une série de colonnes supportait une galerie ornée d'une balustrade en bois découpé qui faisait le tour de la salle ; en bas, en face et de chaque côté de l'orchestre étaient disposés des tables et des bancs sur lesquels s'asseyaient les buveurs; aux galeries de même; au milieu on dansait.

Le bruit assourdissant d'un mauvais, mais nombreux orchestre écorchait les oreilles les mieux aguerries. L'odeur qui se dégageait des saladiers de vin chaud, la fumée des pipes, la sueur mélangée des danseurs formaient une atmosphère capable d'écœurer les plus intrépides.

C'était un brouhaha immense, un bourdonnement confus; les conversations, toujours les mêmes, étaient du genre de celle-ci :

— *L'homme :* Veux-tu faire un quadrille?

— *La femme :* Pas mèche, les talons de mes ripatons sont dévissés et je n'ai pas de grimpants.

— *La femme :* Pourquoi que tu ne danses pas, Zidore?

— *Zidore :* J'ai pas le rond, la môme m'a plaqué.

— *Le grand Jules :* Nini, tu couches avec moi, ce soir; je te paye une tripe et un petit noir.

— *Nini :* J'peux pas; la dernière fois que j'ai couché avec Dodophe j'ai rien reçu une riche floppée.

— *Le grand Jules :* Ton dab est un muffle; t'y diras ça de ma part.

— *Nini :* Va-z-y dire toi-même, mais avant fais numéroter tes abatis.

Une voix perçante dominait alors le tumulte de la foule, criant : En place, messieurs les danseurs, en place; un vis-à-vis.

Les danseurs quittaient leur table, en ayant soin de laisser un ami à la garde du saladier, car, au retour, ils auraient couru grand' chance de trouver le saladier vide et la place occupée.

L'orchestre commençait la ritournelle et en avant deux.

Quand le bal se transformait en club, l'orchestre devenait l'estrade où siégeait le bureau et la tribune où l'orateur faisait entendre la parole sainte des revendications sociales. On y déblatérait, à gueule que veux-tu, contre la propriété, la famille, la religion, l'infâme capital, le privilège de la Banque de France, la Préfecture de police, le Mont-de-Piété et la gendarmerie, et, d'une manière générale, contre tous les gouvernements du monde. On y piétinait la société avec autant d'entrain que le lundi les maquereaux dansaient le cancan.

Pendant les périodes électorales, les réunions des *Folies-Belleville* étaient très animées et très suivies. La plupart des orateurs qui y faisaient les délices des gobeurs sont arrivés au pouvoir, et les gobeurs gobent toujours, en baissant le dos devant l'établi.

Vers 1869, Mathorel, Flourens, Vermorel, tous trois morts, le premier d'une haine rentrée, le second de trop de témérité, et le troisième de dégoût, étaient les orateurs favoris des énergumènes qui commençaient à grouiller, émergeant des bas-fonds politiques et cherchant à s'organiser.

La Commune nous a prouvé plus tard qu'ils avaient réussi et que le fameux dicton : « Agiter avant de s'en servir » n'est pas un vain mot.

Bien avant l'ouverture des portes, l'entrée des *Folies-Belleville* était assiégée par une foule houleuse. Aux chienlits de la *descente de la Courtille* succédait une mascarade bien autrement dangereuse.

Un dimanche de septembre, alors que les marchands de vin arborent à la devanture de leur boutique une couronne de feuilles de vigne, avec ces mots alléchants inscrits sur une pancarte de carton : *Vin doux de Bergerac*, une réunion publique devait avoir lieu à deux heures. Vermorel fut nommé président, Mathorel et Flourens assesseurs.

Le président donna la parole à Mathorel, qui se fit remplacer au bureau par un comparse et ouvrit la séance par un de ces discours filandreux dont il avait seul le secret et le monopole.

Mathorel était un être étrange, petit, laid, une épaule plus haute que l'autre, un visage blafard émaillé de boutons, comme au printemps une prairie de marguerites ; entre ces boutons violacés poussaient quelques poils qui tenaient le milieu entre la filasse et le crin de cheval ; des yeux percés en vrille sans cesse clignotant, les sourcils se rejoignant presque, un front assez large, le tout encadré de longs cheveux mal peignés, et, pour compléter le portrait, la bouche relevée aux commissures des lèvres, sans cesse contractées par un rictus haineux; on devinait le profond égoïste.

Sa parole brève, cassante, sifflante, causait à l'auditeur un singulier malaise; quand il parlait, il s'animait insensiblement, mais à froid, sans conviction, alors il bavait, crachait avec une fureur insensée et des gestes désordonnés sur toutes nos gloires nationales, financières et politiques, à quelque parti qu'elles appartinssent.

Il semblait que le talent, l'honnêteté, la probité était son apanage, et qu'en dehors de lui tout était imbécillité, fourberie et mensonge.

Il frappait malgré cela l'esprit des auditeurs par ses théories séduisantes, séduisantes pour de pauvres diables qui, depuis la fondation de l'empire, avaient été sevrés d'un pareil langage. Hélas! pourquoi les remettait-on en nourrice?

Parmi les auditeurs les plus assidus de ces réunions, on remarquait un ouvrier très connu à Belleville, c'était un ouvrier d'intention (en 1848, il y avait des ouvriers de la pensée), mais, pour lui, l'intention n'était pas réputée pour le fait; aussi débraillé que Mathorel, plus sale, plus puant encore, si cela était possible, mais, comme aspect, absolument différent.

Mathorel, par son aspect chétif, maladif, était l'emblème de la misère, de la faim, de toutes les souffrances qu'endure l'ouvrier, le véritable, et pourtant il n'avait jamais souffert; notre homme, au contraire, avec sa large figure couperosée, son nez bourgeonné, duquel, par tous les pores, s'exhalait une odeur de vieux vin et d'alcool, personnifiait le soiffard, l'homme qui met ses économies en bouteille et dont la caisse d'épargne est le tiroir du mastroquet.

Il avait les yeux vifs, clairs, pénétrants, cachés, on n'a jamais su pourquoi, par une immense paire de lunettes, comme jadis en portaient nos grands'-mères.

Il se disait ouvrier peintre sur porcelaine, mais, comme la plupart des politiqueurs en chambre, il était débagouleur de club; son atelier était la salle du cabaret, son établi le comptoir, ses pinceaux un grand verre et ses couleurs le litre à douze; en fait de peinture, sa figure seule était enluminée, et les festons qu'il avait imaginés étaient ceux qu'il décrivait pour regagner son taudis; après une soirée bien remplie, apôtre, il accomplissait religieusement ses douze stations et plus, mais ses temples étaient ceux du dieu Bacchus.

Cela lui a servi la qualité d'*ouvrier*, car il devint, deux ans plus tard, membre de la Commune, maire de son arrondissement et président de la commission d'organisation du travail. On ne pouvait vraiment mieux choisir.

Mathorel continuait son discours, dans lequel il prouvait qu'il fallait à tout prix renverser l'Empire, l'odieux régime compresseur, et élever sur ses ruines un gouvernement fort qui sauverait le peuple de la misère, et sous le règne duquel tout le monde serait propriétaire..... Plus de riches....., rien que des pauvres alors, cria un auditeur..... A la porte, à la porte, c'est un mouchard, hurlèrent cent voix. A la tribune, l'interrupteur, crièrent les plus modérés ; l'homme ahuri, devant un tel vacarme, n'osait ni reculer ni avancer, il semblait cloué à sa place. Aussitôt, pour affirmer les grands principes de liberté, base de l'état social, rêvée par la nouvelle couche, on frappait, on bousculait le pauvre diable, qui finalement, de mains en mains, était jeté dans la rue comme un paquet de linge sale, meurtri et saignant.

Touchante fraternité.

Pendant le tumulte, Mathorel impassible, appuyé sur la barre de la balustrade de l'orchestre, se passait la main dans les cheveux, et se grattait énergiquement. D'aucuns croyaient que l'inspiration lui faisait affluer le sang à la tête et qu'il était cause de cette démangeaison. Hélas! sur son crâne, il y avait aussi réunion publique et l'harmonie n'y règnait pas plus que dans la salle..... Enfin, le calme rétabli, pas sur sa tête, mais dans l'auditoire, il ouvrait à nouveau le robinet de son éloquence..... « Les républicains de 1848 ont trompé le peuple, et les Cavaignac, Sénart, Jules Favre et autres le firent fusiller en juin ; le peuple demandait du pain, on lui répondit par la mitraille; du travail, on le déporta à Cayenne et à Lambessa. Ledru-Rollin le repus, Félix Pyat le sybarite, Louis Blanc ce pseudo-socialiste, se sont sauvés honteusement dans l'affaire des Arts-et-Métiers pour se réfugier en Angleterre et y jouir en paix de leurs rentes..... Place aux jeunes, ils n'ont jamais trahi la cause populaire. Vive la Révolution sociale! à bas l'Empire! »

Aussitôt, le commissaire de police délégué, avertissait les membres du bureau que si les orateurs continuaient sur ce ton, il se verrait forcé de faire évacuer la salle. Le président s'inclinait, non par respect de la loi, mais devant la force, et demandait si quelqu'un voulait prendre la parole. — Moi, répondit une voix grêle. — Avancez à la tribune, fit Vermorel.

Quelques instants après on vit une petite femme fendre la foule compacte et gravir péniblement, appuyée sur une ombrelle lui servant de canne, les quelques marches qui donnaient accès à l'estrade.

Le nom? crièrent les auditeurs.

Désiré, fit-elle avec sa voix de crécelle.

Désiré était maigre à rendre des points à Sarah Bernhardt, haute comme la botte d'un gendarme, supportée par des pieds à chausser hardiment du quarante-deux, bossue, la poitrine plate comme une limande, un cou de cigogne, le tout surmonté d'une tête de fouine effroyablement ridée, des oreilles larges comme une feuille de chou, un nez long, pincé, pointu, des yeux dépareillés, dont l'un regardait en Champagne si la Bourgogne ne brûlait pas, dépourvus de cils et bordés de rouge, les sourcils rongés par une maladie de peau, le front bas, déprimé aux tempes, le crâne fuyant en pain de sucre, garni de cheveux poivre et sel, qui frisaient comme des baguettes de tambour, et s'échappaient en désordre, d'un soupçon de chapeau fané, orné d'une pivoine en laine rouge, entièrement vêtue de noir, un énorme cabas en tapisserie d'une main, et de l'autre une ombrelle gigantesque.

— C'est la fée Carabosse, dit un voyou. — Elle a été moulée dans un corps de chasse, répondit un autre.

C'était simplement Désiré.

Sur l'estrade, la tribune était figurée par un guéridon placé à côté du bureau, touchant presque l'assesseur de droite, qui était Flourens.

L'orateur se plaçait derrière le guéridon.

— Vous avez la parole, dit le président.

Désiré déposa son cabas, devant elle, sur le guéridon, en sortit une liasse de lettres, attachées avec une faveur verte et commença : « Citoyens, je viens vous demander justice et la permission de vous lire quelques-unes de ces lettres. Elles m'ont été écrites par le citoyen Flourens, avant qu'il ne m'ait abandonnée, en récompense de mon dévouement et de mon amour; écoutez : Chère ange

adorée...» A ce moment, on vit Désiré se courber en deux sur le guéridon tout comme le commissaire sous le bâton de Guignol, puis on entendit un cri. C'était Flourens qui, impatienté, venait de lui envoyer, sans bouger, par dessous la table, un maître coup de pied dans le derrière..... Désiré se releva aussitôt ; d'un coup de poing, elle enfonça son chapeau sur sa tête et brandit son paquet de lettres..... « Citoyens, on vient de me manquer de respect, on m'a blessée dans mon amour-propre.....»
— C'est pas là qu'ça s'met, cria quelqu'un..... t'abîmera pas ton fonds de commerce, ajouta un autre...» Elle reprit imperturbablement, sans s'arrêter aux injures et aux rires du public..... « Vous vous moquez de moi, parce que je suis laide, contrefaite; vous abusez du nombre, vous abusez de la force, il n'est pas nécessaire d'être une Vénus pour vous dire la vérité sur les sauveurs du peuple ; sous mon enveloppe ridicule palpite un cœur plus grand que le vôtre, les sentiments élevés, généreux, ne sont pas proportionnés à la taille, quand Flourens m'appelait mon ange.....» — Il avait éteint la chandelle..... — C'est pas ici un cabinet particulier.....
— Va donc à la Salpêtrière....., retourne donc à ton tonneau, vieille morue, vieux restant de souper.....» Les épithètes se croisaient, plus salées les unes que les autres. Vermorel agitait désespérément et vainement sa sonnette ; c'était un charivari épouvantable ; deuxième avertissement du commissaire

de police aux membres du bureau. Enfin, le silence se fit et Désiré continua..... « Oui, il m'appelait mon ange! Il m'a trahie comme il vous trahira.....» Flourens, qui n'y tenait plus, lui administra un second coup de pied, aussi vigoureux que le premier. Alors, Désiré saisit son cabas d'une main, de l'autre son ombrelle, et riposta en frappant Flourens, à la fois de son ombrelle et de son cabas, c'était insensé. La moitié des auditeurs applaudissaient, l'autre moitié sifflait : « Kiss, kiss..... mange-le..... bravo, Désiré, fais voir que t'as du poil..... tape dessus, c'est pas ton père.....» Enfin la lutte cessa et Désiré, sans chapeau, les cheveux épars, fut mise à la porte.

Jamais on ne sut le fin mot de cette histoire. Désiré avait-elle à se venger du pauvre Flourens ou était-elle folle ?

Quoi qu'il en soit, après la scène que nous venons de décrire, elle parcourut les bureaux de rédaction des grands journaux parisiens, offrant de vendre les fameuses lettres. Inutile de dire que personne n'accueillit les offres de Désiré et qu'elle fut partout éconduite.

A Désiré succéda un orateur qui voulait l'abolition « de l'infâme capital. » Il fut interrompu par un auditeur qui demanda la parole pour une motion d'ordre. A la tribune, il dit : « Citoyens ou Messieurs, je m'en f... Puisque l'orateur veut « l'abolition de l'infâme capital, » qu'il commence par vider son porte-monnaie dans mon chapeau ; et puisque nous sommes en communion d'idées, que chacun en fasse autant. »

Inutile de dire que cette motion n'eut aucun succès et que l'interrupteur fut conspué.

L'orateur reprit la parole : « Oui, citoyens, tous, tous nous voulons le bonheur général. »

Nouvelle interruption. Cette fois, c'était Maxime Lisbonne qui protestait. On l'invita à venir à la tribune exposer ses idées.

Sans se faire prier, Lisbonne monta à la tribune.

— Citoyens, dit-il, il faut être pratique. Ce que vous demandez là est impossible, irréalisable. Il n'y a qu'un seul homme qui pourrait vous le donner, c'est le bon Dieu... (Rugissements dans tous les coins de la salle.) Lisbonne, impassible, ajouta d'un ton gouailleur :

— Et vous convenez tous qu'il n'existe pas !... (Cette fois, ce furent des applaudissements frénétiques.)

Pendant que se déroulaient les divers incidents de cette séance curieuse, le futur maire de Belleville jouait sur le zinc d'en face des tournées au zanzibar. Il était chargé à cul. Un ami, qui assistait à la réunion, altéré par les émotions qu'il venait d'éprouver, vint le rejoindre ; tout en jouant une nouvelle tournée, il lui raconta la scène de Désiré et la mansuétude du commissaire de police. — Pour le remercier, jouons un bouquet en trois coups additionnés, dit-il tout à coup, j'irai lui offrir.

Aussitôt dit, aussitôt fait.

Il y avait à la porte des Folies-Belleville une marchande de fleurs, il lui acheta une énorme botte de dahlias et d'héliotropes, et, au bras de son ami, fit, tout en se tenant à peine sur ses jambes, son entrée dans la salle. Juste à ce moment, l'orateur venait de terminer son discours, et comme il n'y en avait plus d'inscrits, le président demanda si, avant de lever la séance, quelqu'un avait des observations à présenter. — Moi, dit-il. On lui fit place, et il s'avança, tenant gravement son bouquet sur son cœur. Des amis complaisants l'étayèrent, afin qu'il pût gravir les marches de l'estrade. Arrivé sur la plate-forme, au lieu de se diriger vers le guéridon, il alla vers le commissaire :

— Citoyen, lui dit-il entre deux hoquets, t'es un bon garçon; prends ces fleurs, je veux t'embrasser.

Il fit le mouvement de se précipiter dans les bras du commissaire ahuri, qui ne savait s'il devait rire ou se fâcher; mais ayant mal calculé la distance, il tomba lourdement sur le secrétaire, qui fut renversé, entraînant dans sa chute le guéridon, l'encrier, les chaises, et écrasa le pauvre bouquet.

Ce fut un éclat de rire général. On releva l'homme au bouquet qui, une fois debout, n'en voulait pas démordre d'embrasser le commissaire.

Enfin, la séance fut levée.

Il ramassa son bouquet, ou plutôt les débris, et tout en s'en allant, il murmurait : Je vais le porter à ma femme..... C'est égal, on ne dira pas que je néglige les intérêts du peuple, et quand la République viendra, elle saura reconnaître mes efforts !

....

Il existait jadis rue Constantine, aujourd'hui rue des Maronites, un petit débit de vins tenu par B....

En 1848, B... se mêla de politique, juste assez pour être déporté. Après le Deux-Décembre, il rapporta de l'exil, avec le prestige d'une persécution subie pour la République, une âme justement indignée contre l'oppression. Jusqu'à la fin de l'Empire, il versa cette indignation dans l'âme de ses clients comme l'eau-de-vie dans leur petit verre, sans perdre une goutte.

Son influence était grande dans le quartier, et les irréconciliables, sous l'Empire, le cajolaient outre mesure. Gambetta en avait fait son ami.

Un jour, en 1869, Gambetta était venu à Belleville pour assister à une réunion électorale organisée aux *Folies* par B..., il parla longtemps, avec ardeur ; à la fin de son discours, le tribun était en nage, B... prit Gambetta par le bras, l'emmena dans sa chambre, et là, lui donna une chemise sèche et un gilet.

Quoique Gambetta souffrît déjà de la gorge, il avait oublié d'emporter des vêtements de rechange; il entra donc sans façon dans la chemise et dans le gilet du citoyen B... et s'en trouva bien; mais il était infatigable : une autre réunion avait lieu chez *Favié*, en face les *Folies*, il voulut absolument y aller.

Là encore il parla, s'échauffa; au plus beau moment de son improvisation, il oublia qu'il était dans le gilet du citoyen B... et mit la main à la poche pour y chercher un peu de réglisse ; le réglisse était, dans le gilet de Gambetta, ce que le tabac était dans la poche de Napoléon Ier.

Gambetta tira, sans s'en apercevoir, la chique du citoyen B...; il faillit étouffer. O fortune politique ! on dit que tu donnes tes faveurs; à quel prix tu les vends !

Le citoyen B... est conseiller municipal de la ville de Paris, c'est un des plus ardents partisans de l'instruction laïque, gratuite et obligatoire. Parbleu !

Pendant le siège de 1870, les réunions publiques des *Folies-Belleville* étaient encore plus houleuses que sous l'Empire. Dame, il n'y avait plus de commissaire, et les orateurs pouvaient se livrer sans frein à tous les écarts de leur imagination.

Un soir, une grande réunion était annoncée : il s'agissait de délibérer sur le projet d'une sortie en masse pour culbuter les Prussiens. Mathorel présidait. Vers la fin de la séance, on entendit une voix beugler : Citoyens, je demande la parole ! Tout aussitôt on vit accourir un petit homme appuyé sur deux béquilles. Une fois à la tribune, il les posa tranquillement sur le bureau ; il allait parler. — Le nom, le nom de l'orateur ?... — *Trouillou, dit Joli-Cœur,* pour vous servir... — Allez, vous l'avez, dit le président. — De quoi ! de quoi ! que j'aille me laver. C'est bon pour toi, miteux ! Puis, saisissant une de ses béquilles, il allait frapper sur le pauvre Mathorel. Enfin, tout s'expliqua. — Citoyen, je dis : Allez, vous l'avez, dit le président ; vous l'avez, la parole !

Trouillou commença : Citoyens, on accuse le peuple d'avoir scié des arbres pour se chauffer ; on a appelé ça un vol.

Eh bien ! oui, c'est un vol, mais qu'est ce que le vol ? Je vais vous le dire, citoyens : le vol, c'est la revendication du droit !

Dans cette réunion, on accusait les riches de se nourrir de la sueur du peuple. Le comte de B... demanda à dire deux mots. « Messieurs, vous nous accusez de nous nourrir de votre sueur ; ce matin, j'ai fait scier un stère de bois par le commissionnaire du coin, il était en nage ; j'ai goûté de sa sueur, sapristi ! c'est rudement mauvais. » Un éclat de rire général termina la réunion.

Tous les matins, dans la rue de Paris, à Belleville, on entendait, vers huit heures, retentir ces cris : Des choux ! des poireaux ! des carottes ! navets, navets ! pommes de terre au boisseau, pommes de terre !

Une pauvre petite vieille, ridée, ratatinée, vêtue de mauvaises loques d'indienne, dont les couleurs étaient rongées par le soleil et lavées par la pluie, annonçait ainsi sa marchandise ; elle était attelée à une misérable *baladeuse* (c'est ainsi que l'on nomme les voitures des marchandes de quatre-saisons). Son homme, un vieillard sans âge, car on l'avait toujours connu aussi vieux, poussait la charrette. Un chien galeux, efflanqué, de qui on aurait pu compter les côtes, ce qui faisait dire aux gamins qu'on le nourrissait avec des cerceaux, était attaché sous la voiture avec une ficelle ; il tirait consciencieusement, sa langue pendante en témoignait.

Depuis vingt ans on les voyait dans le quartier, lui, toujours coiffé du même chapeau blanc à longs poils, vêtu d'un habit à queue de morue, elle, la tête enfouie dans un madras de quinze sous.

Ils habitaient une vieille masure dans la rue Desnoyers, derrière les *Folies-Belleville* ; ils étaient connus sous le nom de Dupuis.

Cette masure, faite de planches disjointes, vermoulues, couverte de feuilles de zinc et de morceaux de fer-blanc ramassés sur les tas d'ordures ; les carreaux, remplacés, par de vieux journaux, laissaient pénétrer l'air par de larges déchirures ; à l'intérieur, des monceaux de chiffons servaient de literie à la famille, composée du père, de la mère et de neuf enfants. Pendant que les vieux vendaient, les gamins grouillaient sur le trottoir, vagabondant à droite et à gauche, attrapant une écuelle de soupe ou un morceau de pain dans les gargottes du voisinage. L'école, on n'y songeait pas, pourtant la mutuelle était proche : c'est qu'il aurait fallu les habiller. Quant aux écoles congréganistes, le père Dupuis fronçait le sourcil dès qu'on lui en parlait. Mais on vêtira vos enfants, lui disait-on ; ils auront des sabots et des chaussons pour l'hiver ; vos filles grandissent, on leur apprendra un métier, elles ne peuvent rester dans votre taudis, que voulez-vous donc en faire?

Le bonhomme se grattait l'oreille et s'en allait boire la goutte : c'était sa réponse.

Il répondait de cette manière vingt fois par jour, ce qui explique qu'à la fin de la journée il était raide comme la justice.

Il rentrait alors, titubant, se tenant aux murs.

— Te voilà, vieille canaille ! sac à vin ! poivrot ! disait la mère Dupuis. C'est bien la peine que je trime comme un forçat, pendant que tu vadrouilles de troquet en troquet.

Il gagnait tant bien que mal l'amas de chiffons, s'y étendait et s'endormait aussitôt, ronflant à faire crouler la masure. Alors la mère Dupuis sortait à pas de loup. Elle aussi, allait se *consoler*, et quand elle rentrait, elle était à point. Alors l'ivrogne, un peu dessoulé, la secouait comme un prunier : — Tu vas boire sans moi, charogne, lui disait-il. La vieille ripostait. On entendait un bruit de giffles, les coups pleuvaient dru comme grêle, puis tous deux tombaient épuisés et cuvaient leur vin côte à côte. Les enfants pleuraient ; j'ai faim ! j'ai froid. Oh ! si j'étais grande, disaient les filles !

Elles grandirent.

Un soir, la mère Dupuis rentra ivre, suivant sa coutume. Tiens ! je ne vois pas Titine, dit-elle, ousqu'elle est ?

— Maman, répondit l'un des enfants, elle est partie avec un monsieur qui passait devant la porte. J'ai entendu qu'il lui demandait si elle voulait venir au POT-BRUN, manger des frites et des moules.

Titine revint le lendemain, elle fut reçue à coups de trique.

Quelques semaines plus tard, elle s'aperçut qu'elle était enceinte. La mère Dupuis, qui s'en aperçut aussi, lui administra une nouvelle volée.

— Qu'est-ce que nous allons faire de ton salé, dit-elle, tout en cognant, y avait donc pas assez de misère ici ; tu vas aller crever à l'hôpital, sale peau de lapin !

Titine pleurait.

— Fallait chiâler avant, dit le père Dupuis ; il n'est plus temps de fermer la cage, quand l'oiseau s'est envolé.

Huit mois après, Titine accoucha d'un gros garçon ; elle se mit courageusement à l'ouvrage pour l'élever. Elle tomba malade ; la misère et les privations accomplissant leur œuvre fatale, l'enfant mourut.

Le prix de sa première prostitution servit à payer les frais d'enterrement du pauvre petit.

Un soir, Titine entra aux *Folies-Belleville* ; éperdue, affolée, elle se jeta dans le tourbillon des danseurs et dépassa dès le premier quadrille les excentricités des hérodiades en vogue.

Quelques mois plus tard, elle était installée dans un splendide appartement de la Chaussée-d'Antin, et connue dans les bals publics sous le nom de *Nini-la-Duchesse*.

Sous la Commune, elle devint cantinière d'un bataillon de fédérés de Belleville ; à la fin de mai, elle fut fusillée, rue de la Banque, en compagnie d'un petit chien havanais qu'elle ne voulut pas quitter.

En face les *Folies-Belleville*, se trouve le bal Favié. Il s'y passa des choses curieuses le 31 octobre 1871 ; un club de femmes y resta en permanence pendant toute la nuit, pendant que les émeutiers cherchaient à s'emparer de l'Hôtel-de-Ville. Cette réunion était présidée par la femme du fameux barricadier Gaillard.

Le bal, après le 4 septembre, devint un club permanent. Ranvier et Dumont, ce dernier rédacteur de l'*OEil de Marat,* s'emparèrent de cette salle, en vertu d'un ordre de M. Arago, maire de Paris. Les orateurs les plus écoutés étaient Dumont, Gaillard père, Vésinier, Vermorel et Millière. Quoique les réunions fussent tumultueuses, elles ne ressemblaient en rien à celles d'aujourd'hui. Il est vrai que le progrès aidant, ne pouvant convaincre un adversaire, il est plus radical de l'assommer, comme cela eut lieu au meeting des ouvriers sans travail le 7 décembre 1884.

Pendant l'insurrection, la salle *Favié* fut requise pour loger le 233ᵉ bataillon de fédérés de la commune des Lilas. Ah! pour le coup, voilà un spectacle qu'on ne reverra jamais! Il est d'ailleurs impossible à décrire.

Durant la semaine de mai 1871, elle fut transformée en dépôt de munitions. Les fédérés y entassèrent environ 3.000 bombes, 800 barils de poudre, 600 tonnes de pétrole et une immense quantité de cartouches. Le génie mit trois jours pour enlever cet immense amas d'approvisionnement.

VII

La Place de la Bastille. — L'Homme à la Vessie. — Le Lapon. — L'Homme au Pavé. — L'Homme à la Poupée. — Le Panier Indien. — Moreau et Papillon. — Le Père la Flûte et Sophie. — Le Marchand de poil à gratter. — Miette et la Poudre Persane. — Le petit Homère de la Bastille. — La mère Meurt-de-Soif. — L'Éléphant.

Il y a vingt ans, Paris était l'âge d'or des saltimbanques et des flâneurs.

La flânerie tenait une large place dans l'existence des Parisiens ; après le dîner, dans les longues et belles soirées d'été, ils descendaient sur la place la plus voisine de leur demeure où, gratuitement, en plein air, sous les platanes, ils jouissaient d'un spectacle sans cesse renouvelé.

Il y en avait pour tous les goûts.

Les places les plus favorisées étaient : les places

Beaudoyer, du Château-d'Eau, du Temple et, entre toutes, celle de la Bastille.

Cette dernière était admirablement disposée pour que les *artistes* et les spectateurs pussent, les uns, travailler, et, les autres, regarder et écouter en paix.

Tous se tenaient sur le terre-plein qui formait un vaste carré entre le quai Valmy et le quai Jemmapes.

C'était une sorte de foire permanente; son originalité en faisait une chose unique à Paris. Les amateurs de musique faisaient cercle autour de Bouvard, l'*Homme à la vessie*, ils accompagnaient en chœur les joyeux et spirituels refrains des chansonniers en vogue : Gustave Leroy, Édouard Plouvier, Charles Colmance, Victor Rabineau, Charles Gilles, Thalès Bernard, et tant d'autres, disparus, oubliés, sans être inscrits au temple de mémoire des générations qu'ils charmèrent si longtemps. C'était le beau temps de la chanson : les *Quatre âges du cœur*, *Fanchette*, la *Légende de l'étang*, *Un nez culotté*, le *Vigneron*, les *Louis d'or*, l'*Eau et le Vin*, etc., etc., et, le lendemain à l'atelier, l'ouvrier trompait l'ennui des heures trop longues à s'écouler, en fredonnant les refrains de la veille, tout en songeant à *Jenny* ou à *Mimi-Pinson* qui l'attendait au logis en chantant de son côté; la chanson aidait l'aiguille à courir dans la soie et allégeait le poids de l'outil dans la main de l'ouvrier.

Les avides d'émotions violentes admiraient à loisir le *lapon* avalant un sabre trois fois grand comme lui, et, aussi, l'*homme-pavé,* qui cassait d'énormes cailloux avec son poing et des pavés sur son ventre.

Les amoureux, pressés l'un contre l'autre, se groupaient autour de Moreau, l'élève de la célèbre Lenormand, ils se faisaient prédire la bonne aventure pour la modique somme de deux sous et se pâmaient d'aise aux lazzis du pitre *Papillon.*

Chaque *spécialiste* avait son public particulier, ses fidèles; tous vivaient en bonne harmonie, et, par une convention tacite, les places appartenaient au premier occupant.

Tous ne *travaillaient* pas à la fois, à moins que la foule ne fût considérable, les dimanches et lundis par exemple.

Dans les entr'actes, ils s'en allaient bras-dessus, bras-dessous, chez le marchand de vin du coin, boire un litre sans avoir pris la peine de dévêtir leurs oripeaux fanés.

L'*homme-pavé* faisait la cour à Clarisse, la somnambule, une jeune fille de cinquante ans; Moreau racontait à Bouvard qu'il avait été appelé mystérieusement aux Tuileries; *Papillon* voulait à toutes forces que le *lapon* l'initiât aux mœurs de son pays, alors qu'il savait qu'il avait vu le jour rue Guérin-Boisseau.

L'*homme à la poupée* exerçait sur la place une sorte de domination.

C'était un étrange type.

Agé de trente ans environ, très brun, de longs cheveux bien entretenus, une fine moustache fièrement retroussée, un teint pâle, des yeux brillants d'un feu sombre, enfoncés sous l'arcade sourcilière, toujours correctement vêtu de noir, du linge blanc, coiffé d'un chapeau haut de forme ; on devinait à première vue un déclassé qui conservait au milieu de ses malheureux confrères toutes les allures d'un homme du monde.

Il était toujours seul, il n'adressait la parole à personne, il n'allait jamais chez le marchand de vin ; il arrivait sur la place, portant sous son bras une petite table en bois noir, dont le pied, formant chevalet se repliait sur lui-même, et un sac en velours noir.

Il commençait par installer sa table, la couvrait d'un tapis brodé de franges d'or, puis dénouait les cordons de son sac, duquel il sortait une magnifique poupée, grande comme un bébé de trois ans, toute resplendissante de soie et de dentelles. Il la plaçait délicatement sur la table, la tête appuyée sur un coussin brodé, puis, toujours sans mot dire, il allait quelques pas plus loin arpentant silencieusement la place.

Peu à peu les curieux se groupaient en cercle. Quand il jugeait la foule assez compacte, il faisait son entrée en écartant poliment les spectateurs ; il saluait à droite et à gauche, retroussait les manches de sa redingote et commençait une séance de ventriloquie.

C'était vraiment merveilleux.

La recette était toujours fructueuse, quoiqu'il ne demandât jamais rien; la séance terminée, il ramassait ses sous, aidé par d'obligeants gamins, saluait à nouveau, puis pliait son bagage et disparaissait.

Cet homme énigme était l'objet de beaucoup de commentaires, et les légendes les plus extraordinaires circulaient sur son compte; pour les uns, c'était un agent de la sûreté; pour les autres, un noble ruiné; d'aucuns affirmaient qu'il était le fils d'un duc bien connu à Paris pour ses diamants et son art particulier pour se maquiller.

J'avais eu souvent occasion d'assister à ses séances, et sa physionomie sympathique m'avait frappé; j'étais très intrigué d'avoir été plusieurs jours sans le rencontrer à sa place habituelle, de laquelle il avait disparu tout à coup.

Je n'y songeais plus, lorsqu'un soir je le vis assis à la terrasse du café des Princes, ganté de frais, élégamment vêtu, très entouré d'une infinité de cocottes qui se disputaient ses faveurs et paraissaient le coter très haut dans leur estime; signe infaillible qu'il était riche et que quelques-unes avaient dû éprouver les effets de sa générosité.

Je m'assis à une table voisine; j'aurais voulu engager une conversation avec lui, mais il était toujours aussi silencieux que sur la place de la Bastille.

— Pardon, lui dis-je tout à coup, je crois, Monsieur, avoir déjà eu le plaisir de vous rencontrer.

— Cela se peut, me répondit-il sèchement.

— Place de la Bastille, ajoutai-je?

— Vous avez raison, Monsieur, me dit-il sans manifester la plus légère émotion. Je suis, ou plutôt j'étais l'*homme à la poupée*.

— Je ne voulais pas vous rappeler un souvenir désagréable; veuillez me pardonner.

— Ce souvenir est loin de m'importuner; il n'y a jamais de honte à demander sa vie au travail, et, un métier, si infime qu'il soit, est toujours honorable lorsqu'il est exercé honnêtement. D'ailleurs, votre souvenir me flatte, il me prouve que vous m'avez remarqué; en effet, ma tenue, mon langage, mes manières, formaient contraste au milieu des déguenillés qui m'environnaient, et cela n'a pas dû vous échapper.

— Certes, non.

— Avouez que vous voudriez bien connaître mon histoire.

— Je l'avoue.

— Eh bien! elle est des plus ordinaires : — Je suis Américain, j'ai dévoré une grosse fortune et suis venu à Paris pour travailler en attendant la mort d'un oncle fort riche, dont j'étais l'unique héritier; il est mort il y a peu de temps; au lendemain de mon héritage, j'ai abandonné la place publique pour reprendre mon rang dans le monde, et me voilà.

— Comment aviez-vous acquis ce remarquable talent de ventriloque ?

— C'est un talent que je possède naturellement ; me trouvant sans ressources, j'ai songé à l'exploiter ; le récit de ma première séance pourra peut-être vous intéresser ; voulez-vous l'entendre ?

— Assurément, et avec grand plaisir.

— Quand je quittai New-York, après ma ruine totale, j'allais à Londres, Je descendis à Charing-Cross ; j'avais un enfant semblable à celui que vous m'avez vu place de la Bastille, seulement, au lieu d'être vêtu luxueusement, il était entortillé de linges et maquillé de façon qu'il paraissait gravement malade. En gravissant le grand escalier, je mis l'enfant sur une des marches et lui parlai avec une dureté extraordinaire ; la foule s'amassa.

— Monte l'escalier, lui disais-je, je n'ai pas envie de te porter, fainéant.

— Oh ! père, me répondait l'enfant d'un ton suppliant, porte-moi, je ne peux plus, tu sais, monter l'escalier tout seul avec mes deux pieds coupés, par le...

— Chanson, répliquai-je ; lève-toi, monte ou je tape.

Le pauvre enfant sanglotait, je lui appliquai sans pitié un soufflet sur la joue.

L'indignation de la foule était à son comble.

— Cet enfant est-il à vous? me dit un assistant.

— Cela ne vous regarde pas, répondis-je, mêlez-vous de vos affaires.

— Je vais appeler la police.

— Oh! non, monsieur, criait l'enfant éploré; il me tuera comme il a tué ma mère et ma sœur.

Je mis la main dans ma poche.

— Prenez garde, fit l'enfant avec un cri déchirant, il a un couteau, il va vous frapper.

— Certainement, dis-je en tirant un poignard.

Tout le monde s'enfuit, excepté deux hommes courageux, dont l'un me saisit par le poignet, mais le mouvement n'avait pas été assez rapide pour m'empêcher de plonger la lame toute entière dans les flancs de l'enfant.

— Au meurtre, à l'assassin, hurlait celui-ci dans une angoisse inexprimable.

A ce moment l'escalier était envahi par une foule furieuse qui allait m'écharper, lorsque j'enlevai tranquillement ma victime d'une main et que de l'autre je tendis mon chapeau à la galerie. L'enfant est en bois, dis-je, c'est ma première séance à Londres. La foule se mit à rire, je fis une recette abondante, ma réputation était faite. Je garde ma poupée; peut-être me reverrez-vous un jour, me dit-il mélancoliquement.

— Je ne vous le souhaite pas, répondis-je.

La leçon du passé ne lui avait point profité; en

peu de temps il mangea l'héritage de son oncle; il quitta Paris et partit aux Indes Hollandaises, où il se maria avec une petite actrice, une Parisienne. Un soir, en sortant du théâtre, sa femme mourut subitement : une petite fille lui restait; atteint de la nostalgie du boulevard, il liquida sa situation et revint à Paris.

En route, il réfléchit que sa bourse était plus que légère et que maintenant ils étaient deux.

Dans ses pérégrinations, il avait vu de près les prestidigitateurs indiens, il avait saisi la clef des prétendus mystères des Fakirs, il résolut de se servir de cette connaissance pour donner des soirées en Europe; il initia sa petite fille à ses desseins.

Tous deux débarquèrent à Marseille; là, il résolut de donner une représentation, mais avant il voulut offrir à la presse et à quelques privilégiés une répétition générale. Il obtint un succès formidable.

Parmi ses tours se trouvait *le panier indien;* après la répétition, il donna encore quelques indications à sa fille.

— Surtout ma chérie n'oublie pas, lui dit-il, que je suis censé te tuer quand tu es dans le panier, donc avant de faire jouer la trappe, crie très fort pour augmenter l'illusion : crie, pleure, appelle.

Le lendemain, la représentation publique eut lieu, la salle était comble, tous les tours de *l'homme à la poupée* furent applaudis avec enthousiasme. Vint ensuite le tour du *panier indien*.

Sa jeune fille s'avança, puis, après une scène mimée, qui produisit un effet immense, entra dans le panier; immédiatement, le prestidigitateur traversa ce panier de sa longue épée. On entendit un grand cri, il montra sa lame rouge de sang au public en délire.

L'orchestre exécuta un trémolo.

Quand il fut sûr d'avoir suffisamment frappé l'imagination de tous les spectateurs, il revint au panier et l'ouvrit.

Mais soudain il chancela et tomba sur la scène en criant :

— Mon enfant, mon enfant !

Au fond du panier gisait la jeune fille, sanglante, immobile, la poitrine traversée par un coup d'épée. La trappe mal assujettie n'avait pas joué à temps : la malheureuse enfant était morte.

On accourut, on releva *l'homme à la poupée*, il ouvrit les yeux, en fredonnant la chanson de *Papillon* : *Si je meurs, que l'on m'enterre.*

Il était fou.

Moreau formait un contraste frappant avec *l'homme à la poupée*; il était petit, trapu, imberbe, une figure de fouine, l'œil percé en vrille, presque chauve et invariablement coiffé d'une casquette de soie, ornée d'une énorme visière.

Il exerçait son métier de tireur de cartes sur les places publiques depuis plus de trente ans. Son matériel était des plus primitifs, une table en bois blanc, trois gobelets en fer battu, trois muscades taillées dans de vieux bouchons de liège et un jeu de piquet graisseux.

Son compère *Papillon* ouvrait la séance en traçant à la craie ou à l'aide d'un morceau de charbon, sur l'asphalte, des lignes cabalistiques et des figures grotesques. Quand la foule était assemblée, il faisait élargir le cercle et chantait d'une voix nasillarde, éraillée et avinée :

> Si je meurs, que l'on m'enterre
> Dans la cave où est le vin,
> Le nez contre la muraille,
> La tête sous le robin.
> S'il en reste une goutte encore
> Ça sera pour me rafraîchir,
> Et si le tonneau défonce
> J'en boirai à mon loisir.

Vingt couplets suivaient, tous plus décousus les uns que les autres, mais personne ne s'occupait de la rime.

Il racontait ensuite ses aventures...

Au beau milieu de sa narration, *Moreau* faisait brusquement irruption dans le cercle en flanquant à *Papillon* un formidable coup de pied dans le derrière.

Le dialogue suivant s'engageait entre les deux compères :

— Que fais-tu là, misérable ?

— Vous le voyez bien, patron.

— Je ne vois rien du tout, mais je suis bien sûr

que tu disais du mal de moi à ces dames et à ces messieurs.

— Ah! jamais!

— Pourquoi n'es-tu pas à la maison? Va-t'en, je te chasse.

— Je n'ai rien fait.

— C'est précisément pour cela. D'ailleurs, tu es un mauvais serviteur. Hier, je te recommande de cirer mes bottes, de mettre la viande dans la marmite et de donner l'avoine au cheval; tu cires la viande, tu mets l'avoine dans la marmite et tu donnes mes bottes au cheval. J'ai pourtant des bontés pour toi. Je t'emmène au restaurant....

— A la porte.

— ... Je t'offre des huîtres...

— Oui, les coquilles...

— ... Je veux te faire épouser ma nièce, une jolie fille.

— Parce qu'elle est enceinte de huit mois.

— Va-t'en, maraud; tu n'es qu'un ingrat.

Papillon s'en allait en pleurant, tout en s'essuyant les yeux avec la queue de sa perruque; *Moreau*, alors, ôtait sa casquette et commençait son boniment :

Mesdames, Messieurs, je suis *Moreau*, l'élève de la célèbre Lenormand, la même qui prédit la déchéance de l'Empereur et sa mort à Sainte-Hélène. J'ai eu l'honneur de travailler devant toutes les têtes couronnées de l'univers; ma réputation est faite dans le monde entier. J'habite un hôtel, dont je suis propriétaire, aux Champs-Élysées ; là, je ne prends pas moins de 500 fr. par consultation, et encore faut-il se faire inscrire à l'avance ; mais, comme je suis humanitaire, je veux que le pauvre, comme le riche, profite de mes études, de ma science, de mon expérience et du don de divination que la nature m'a donné.

Vous n'oseriez pas venir à mon hôtel fouler les tapis moelleux de mes salons ; alors je viens à vous, sur cette place publique, sans honte, comme un homme qui accomplit un devoir.

Soit pour deuil, mariage, héritage, procès, consultez-moi. Tenez, par exemple, un domestique qui aurait perdu sa place, je lui dirais par la faute de qui ; quand il en retrouvera une, si elle sera bonne.

Avez-vous été volé, je vous dirai le nom du voleur, où sont cachés les objets. Tendez les mains, deux sous seulement.

Moreau, alors, faisait le tour de la société et tendait son jeu de piquet. Quand il avait placé une dizaine de cartes, il encaissait sa recette et envoyait ses clients l'attendre sous le premier arbre à gauche. Fermez, disait-il, la porte avec une épingle ; je crains les courants d'air.

Pendant que *Moreau* amusait son public, *Papillon* était allé se déshabiller et se grimer au point de se rendre méconnaissable ; puis il allait s'installer chez le marchand de vin à côté.

Moreau tirait les cartes au client qui l'attendait sous l'arbre, et quand il tombait sur une bonne tête : Vous voyez, lui disait-il, ce que je vous dis pour deux sous ; si vous voulez en savoir davantage, le petit jeu est de trente sous et le grand jeu de trois francs. Le client naïf se laissait séduire par l'aplomb de *Moreau*, qui l'envoyait l'attendre chez le marchand de vin, où *Papillon*, sous les apparences d'un paysan, se tenait en observation en face d'un demi-setier. Il arrivait parfois que sur dix clients, *Moreau* parvenait à en décider quatre ou cinq à se faire faire le grand jeu. *Papillon* qui, de son coin, les guignait, s'approchait d'eux, et la conversation s'engageait. Il racontait que la renommée de *Moreau* était parvenue jusqu'au fond de son village, et qu'il avait entrepris le voyage de Pont-l'Évêque à Paris pour le consulter au sujet d'un riche héritage qu'il convoitait.

Confidences pour confidences, les braves gens lui racontaient leurs petites affaires, ce qu'ils désiraient savoir de *Moreau*. Après quelques instants *Papillon* était si bien instruit, qu'il aurait pu écrire leur biographie.

Moreau tardait à arriver pour donner le temps à son compère de *vider* ses dupes. Enfin, il faisait son entrée. Le premier de ces messieurs, disait-il gravement. *Papillon* se levait, et tous deux pénétraient dans un cabinet hermétiquement clos. Là, devant une vieille bouteille, *Papillon* racontait le résultat de ses conversations, et sortait reconduit par *Moreau* en s'écriant : Bon Dieu du ciel, c'est un sorcier, et faisait un signe de croix.

Chaque individu était introduit à son tour et quittait *Moreau* absolument émerveillé.

Qu'est devenu cet homme de génie ?

Depuis vingt-cinq ans au moins, on voyait arriver à la même heure, s'installer à la même place, au coin du quai Jemmapes, un grand vieillard, misérablement vêtu, mais très soigné. Des pièces de différentes couleurs émaillaient sa longue redingote et son pantalon, mais pas de loques et pas de trous.

Quoiqu'il ne fût pas aveugle, il était accompagné d'une petite chienne marron, tachée de feu, qui ne le quittait jamais ; c'était elle qui faisait la police du cercle d'auditeurs qui entouraient le père *La Flûte*.

Tous les gamins de l'école mutuelle de la rue de la Roquette économisaient une tartine sur leur déjeuner, pour régaler *Sophie* (c'est ainsi qu'on nommait la chienne). Quand l'heure de quatre heures, sortie de l'école, approchait, la chienne levait son museau en l'air, furetait dans tous les coins, inquiète, aboyant discrètement, flairant tous les auditeurs ; de très loin la bande de gamins s'annonçait par de frais éclats de rire : aussitôt *Sophie* gambadait, cherchant une issue dans la masse compacte, pour courir au-devant de ses jeunes amis ; puis quelques minutes plus tard, une pluie de tartines, confitures, miel, raisiné, fromage de Brie ou d'Italie tombait sur la loque qui servait de tapis au pauvre vieux.

Sophie les ramassait délicatement, une à une, puis les entassait aux pieds du *père La Flûte ;* elle se léchait bien, mais n'y touchait jamais.

Un jour, le *père La Flûte* ne vint pas à l'heure accoutumée, mais *Sophie* fut exacte ; elle flaira, tourna, quêtant comme de coutume, et finalement s'assit à sa place habituelle, attendant patiemment quatre heures ; les moutards arrivèrent, lui donnèrent sa provende quotidienne ; elle en prit dans sa gueule autant qu'elle put et partit au galop.

Pendant plusieurs jours le même manège se renouvela.

Le *père La Flûte* était mourant sur son grabat, mourant de vieillesse et de privations. L'intelligente bête nourrissait seule le pauvre homme.

Les voisins, qui ne voyaient plus le *père La Flûte* sortir de son taudis, s'inquiétèrent et prévinrent le commissaire de police. Ce dernier le trouva mort sur un amas de chiffons. *Sophie,* morte aussi, au milieu d'un monceau de tartines presque dévorées par les rats.

A l'inventaire des papiers du *père La Flûte,* on découvrit qu'il se nommait Fernand de Moor, âgé de quatre-vingts ans, descendant d'une ancienne famille d'Ecosse,

Flûtiste de grand mérite, il était venu à Paris vers 1832, croyant y vivre de son talent, mais, repoussé par tous, il n'avait pu arriver ; la misère l'avait un jour forcé à jouer en pleine rue. Arrêté par les agents et conduit au Dépôt comme vagabond, il obtint, à force de prières, l'autorisation d'exercer le métier d'artiste ambulant ; il choisit alors la place de la Bastille.

Passionné pour son art, il se laissait souvent entraîner par la mélodie ; parfois, après avoir terminé un morceau, il tombait en extase, laissant errer ses regards dans le vide ; illuminé, il voguait dans l'inconnu, et semblait parler à un monde invisible ; il oubliait de faire la quête.

Grand admirateur d'Halévy, il connaissait par cœur toutes les compositions du maëstro. Lorsque le grand musicien mourut, il suivit l'enterrement, nu-tête, un crêpe à son instrument.

Il mourut quelque temps après, comme je viens de le dire, seul, avec sa pauvre *Sophie*.

S'il avait vécu de nos jours, peut-être eut-il été député, voire même sénateur. Bouvard, l'*homme à la vessie*, disait bien entre deux chopines, que lorsque la République viendrait, il serait nommé directeur du Conservatoire !

Un type encore bien curieux, était celui du grimacier, *l'homme au poil à gratter*.

Il arrivait sur la place, coiffé d'un mauvais tricorne, posé de travers sur une sale perruque en filasse, vêtu d'un vieil habit rouge en loques, agrémenté de galons fanés, laissant voir le cuivre de la trame.

Il avait deux manières d'intéresser son public : d'abord par ses grimaces horribles et une dilatation naturelle de la mâchoire, laquelle lui permettait d'ouvrir une bouche grande comme un four, ensuite par l'imitation de toutes les coiffures connues, à l'aide d'une rondelle en feutre souple qu'il transformait de soixante façons différentes, depuis le chapeau du petit-tondu jusqu'à la toque du pâtissier.

Son pallas ne variait jamais : Voulez-vous, disait-il, vous amuser en société? achetez ma poudre ; c'est un secret que m'a légué un de mes aïeux. Marin, son navire fit naufrage ; il échoua dans une île sauvage, la fille du roi devint amoureuse de lui et elle lui proposa de choisir entre l'épouser ou être mangé à une sauce quelconque. Il épousa la sauvage, devint roi du pays ; il avait de grandes connaissances en botanique ; dans une excursion il découvrit l'arbuste dont le fruit fournit la poudre que j'ai l'honneur de vous offrir.

Vous allez dans le monde, vous ne pouvez pas parier un litre avec madame la comtesse qu'elle ne mouchera pas la chandelle avec son pied ; mais, si elle se plaint que son mari la délaisse, n'exploite pas suffisamment son capital pour lui faire produire un intérêt, vous pariez avec elle qu'à ses côtés, son mari ne dormira plus d'un sommeil de plomb ; qu'il se démènera, s'agitera comme un diable dans un bénitier ou comme un jeune marié à la première nuit de ses noces ; elle accepte ; vous pariez quarante sous que vous faites déposer à la Banque de France et vous lui livrez le secret.

Si votre femme, au contraire, dort comme une marmotte pour rêver à son aise à votre ami préféré et que, chaque fois que vous voulez la réveiller au milieu de la nuit, elle se retourne dans la ruelle en grognant : Laisse-moi tranquille..... Je ne veux pas..... Finis..... Je suis fatiguée..... J'ai sommeil....; prenez ma poudre, mettez-en une pincée dans sa chemise et l'apathique deviendra une lionne qui, changeant de ton, vous dira d'un air calin : Mon petit homme, gratte-moi ; oh ! comme ça me démange..... Tout ça, pour deux sous le paquet.

Ce que le grimacier vendait était tout simplement du poil contenu dans l'intérieur du fruit de l'églantier, et la bêtise humaine est si grande qu'il en débitait des quantités incroyables.

A certains jours de la semaine, Miette, célèbre entre tous, Miette, le devancier de Duchesne, Miette qui, sans voiture, sans musique, sans instruments de chirurgie, savait captiver la foule, faisait son apparition sur la place. Tout son matériel se composait d'un mouchoir à carreaux, le vulgaire mouchoir d'un priseur, et d'une boîte en carton.

Petit, maigre, d'aspect vieillot; clamant d'une voix de fausset qui, par moment, surpassait les fantaisies les plus extravagantes du fifre; son boniment était invariable :

« Messieurs, je suis Miette, le célèbre Miette, seul possesseur du secret de la *Poudre persane*. Ce secret fut importé en France par mon honorable père, qui vécut longtemps dans la cour des Schahs de Singapour, Mostaganem et Téhéran ! Miette, disait un jour le grand Schah, Roi et Empereur des pays que je viens de vous citer et d'autres beaucoup plus loin encore, comme vous le savez peut-être ; Miette, je t'ai comblé d'honneurs, tu as toutes les décorations des nouveaux et anciens mondes. Je veux faire plus encore!! Tu vas me ficher le camp dans ton pays ; tu diras que tu y viens de ma part, non pour y vendre, mais pour y donner la *Poudre persane,* dont seul tu auras le secret! »

L'auditoire riait ! Alors Miette se grandissait ; sa voix, poussant à l'aigu jusqu'à l'impossible, dominait les rires, et, stridente, se faisait entendre des quatre coins de la place. Il s'écriait : « Tas d'ânes, vous doutez de la parole de Miette ! Attendez, bourriques. » Alors, il saisissait un badaud qu'il guignait depuis longtemps : « Arrive ici, animal, te voilà cueilli ! »

« Vous comprenez, Mesdames et Messieurs, ajoutait Miette, que nous ne sommes pas ici à la

Cour ni dans un salon du noble faubourg. On ne peut guère choisir son monde; il faut prendre ce que l'on trouve. »

Tout aussitôt, il obligeait le patient à ouvrir la bouche bien grande, lui faisait tourner la tête dans tous les sens en disant : « Approchez-vous, approchez-vous et venez dire en chœur avec moi : Non! il n'y a pas d'égout, de cloaque plus infect, plus dégoûtant que la gueule de Mossieu !

» Comment, jeune homme, vous vous plaignez au lieu de remercier le hasard qui vous a jeté dans mes bras! Allons, pas de fausse honte, mon garçon, ça ne vous coûtera rien; ouvrez bien la bouche, que tout le monde puisse voir que je ne suis pas un charlatan!

» Tenez, Messieurs, c'est des plus simples. — Un coin de ce mouchoir (n'ayez pas peur, mon ami, il n'y a que moi qui mouche dedans), un peu d'eau de ce ruisseau, une parcelle de ma *Poudre persane*, et... »

Il introduisait, de gré ou de force, le doigt dans la bouche du malheureux, et, après quelques secondes d'un astiquage vigoureux, lui entr'ouvrait les lèvres pour laisser voir la blancheur éblouissante des dents nettoyées.

Miette est mort il y a quelques années sans laisser d'élève et en emportant son secret, qui était tout simplement de la ponce lévigée dans l'acide sulfurique.

On voyait longtemps encore après la mort de Miette, à la même place, une grosse vieille surnommée *la belle Ecossaise*, elle pouvait avoir environ soixante ans, elle vendait une *poudre écossaise* en débitant le même boniment que le père Miette.

Le petit Homère de la Bastille était poète, auteur et chanteur; pour sa muse essentiellement parisienne les « petites fleurs des bois; doux souvenirs de mon village, etc., » étaient lettres mortes, sa lyre ne s'échauffait qu'au contact des pavés du boulevard.

C'était presque un beau gars, le corps un peu épais était planté d'aplomb sur les jambes, et les jambes plantées non moins d'aplomb, sur la bordure en granit du trottoir, voilà pour l'homme ; une guitare grand modèle, voilà pour l'orchestre.

Comme exécution et comme méthode tout ce qu'il y a de plus primitif, l'homme arrachait à la guitare des accords plaqués; lui, il disait, la guitare donnait ce qu'elle pouvait; lui, superbe, phrasait, ce qu'il trouvait infiniment supérieur à chanter.

Il se peignait lui-même ainsi :

>   Comme le divin Homère
>   En chantant mes vers,
>   Je sais braver la misère
>   Et les cœurs pervers,
>   Quand je viens monter ma lyre
>   Sur l'humble trottoir,
>   Monsieur, n'allez pas me dire:
>   Allez vous asseoir.

Il abordait souvent la critique sous forme de vaudeville.

Voici d'ailleurs ce qu'il chantait en 1855 :

> Les Russes armés d'un tube,
> Par un procédé nouveau,
> Vont dessécher le Danube
> Et laisser les Turcs sans eau !
>   Balançoire
>   Dérisoire.
> Quels cancans dans la cité
>   A grand'peine
>   Par semaine
> Dit-on une vérité.

Il faudrait citer l'œuvre entière pour apprécier cette célébrité de la rue.

La facture et l'acquit dénotaient une personnalité, et le *P'tit Homère* devint plus tard Baumester, qui laissa des recueils de chansons dont les refrains sont encore populaires dans les ateliers.

Malheureusement pour lui, il laissa un fils qui travaille (c'est le mot du métier) encore aujourd'hui sur les anciens boulevards extérieurs, près Rochechouart. Mais, hélas ! la muse paternelle s'est envolée.

Il y avait encore le marchand d'habits, la dynastie de la famille *Meurt de soif* qui vous vendait un *complet* pour cent sous ; le marchand de berlingots qui annonçait sa marchandise en criant : A qui-t-encore une obélisque, à la fleur d'oranger, au tabac à priser ? La vendeuse de café qui offrait un petit noir à un sou, café fabriqué avec le marc qu'elle ramassait dans les tas d'ordures ; la mère *Renault*, la providence des écoliers, qui se disputaient ses chaussons aux pommes ou aux pruneaux et surtout ses fameux *rassis; Pradier* le bâtoniste ; il y avait bien par-ci par-là une ombre au tableau : en plein jour, des filles racolaient les passants qu'elles emmenaient dans les garnis mal famés du voisinage et le soir au bord du canal, tandis que leurs hommes attendaient chez les mastroquets des environs que leurs femmes leur apportent le produit de la générosité de la pratique ; si la recette était maigre, et cela arrivait souvent, les rixes s'engageaient ; si au contraire elle avait été grasse, en avant les saladiers de vin sucré. C'était malpropre, mais ne voyons-nous pas aujourd'hui les mêmes faits se passer rue Montmartre, en plein cœur de Paris ; une plaie a remplacé l'autre, et les saltimbanques n'avalent plus de sabres mais ils font de la politique.

La fameuse prison de la Bastille fut démolie par le fameux patriote Palloy, en 1789. Y compris les huit tourelles, cette prison absorbait une superficie de 2.670 mètres, la deuxième enceinte 7.800 mètres, le bastion et le jardin 4.080 mètres, total : 14.550 mètres.

Une loi de 1792 prescrivit la formation de la place actuelle sur le terrain qu'elle occupait.

Au sud-est de la Bastille, on voyait encore, en

1859, un éléphant colossal, en plâtre, ce n'était que la maquette d'un éléphant qui devait être construit avec le bronze des canons conquis dans la campagne de Friedland ; le décret qui ordonnait l'édification de ce monument fut rendu en février 1811.

L'éléphant fut démoli lorsqu'on construisit le poste qui se trouve aujourd'hui en face du tramway.

VIII

La Reine Blanche. — Les arrivées. — Nini la Belle en cuisses. — Le bal de l'Astic. — Trompe la Mort.

Deux bals étaient placés sous le patronage de la *Reine Blanche*, l'un situé boulevard Clichy, l'autre rue Saint-Antoine, par corruption ce dernier se nommait la *Dame Blanche*.

La REINE BLANCHE du boulevard Clichy avait pour clientèle spéciale les filles de bas étage qui venaient y truquer et des ouvrières qui débutaient.

On n'y entrait pas en bonnet, le tablier était proscrit au contrôle. C'était un spectacle curieux de voir les ouvrières, à la queue leuleu, déposer au vestiaire leur petit panier d'osier qui avait contenu les vivres de la journée, que la mère prévoyante garnissait chaque matin.

Quand elles rentraient au domicile paternel, rouges, essoufflées, en sueur, la mère grondait.

— Ne gronde pas, disait la petite, j'ai veillé pour finir un travail pressé, et comme il était tard, j'ai eu peur des hommes dans la rue, j'ai couru pour arriver plus vite; vois comme je suis essoufflée!

C'était le premier pas, le bonnet n'était qu'au vestiaire, il n'était pas encore par-dessus les moulins.

On y voyait aussi des filles en vogue, elles revenaient vers le lieu de leurs débuts, pour épater les camarades qui n'avaient pas réussi, on les appelait *les arrivées*, tout comme on dit d'un grand homme, il *arrive* à l'Académie, ou d'un maquereau à la halle, ce qui prouve qu'on *arrive* de différentes manières; elles étalaient complaisamment leurs toilettes et leurs diamants, se retroussaient hardiment pour laisser voir un bas de soie rose bien tiré, et des bottines Louis XV en veau mordoré à hauts talons, qui n'avaient rien de commun avec le modeste soulier éculé en cuir de cheval qu'elles portaient jadis.

Elles quittaient la Maison Dorée, le Café Anglais, le Helder, un appartement bien chauffé, parfumé, le champagne pétillant dans des coupes mousseline, pour un air saturé d'odeur de graillon, de tabac et de sueur des pieds, et boire comme autrefois un vieux saladier de vin de campêche, ou un bischoff de vin blanc.

Elles avaient la nostalgie de la boue comme d'autres la nostalgie des champs où elles ont été élevées.

Cela les changeait et leur procurait une jouissance nouvelle, de revoir les Alphonses qui les battaient comme plâtre, de se suspendre à leurs bras, câlinement, et d'étaler un luxe de linge inouï dans un pharamineux cavalier seul.

Plus d'une se disait tout bas : mon ancien homme est une crapule, mais c'est un homme, tandis que mon gandin, on pourrait voir le jour au travers.

Une des filles les plus en réputation à la Reine Blanche était *Nini la Belle en cuisses*, elle n'avait pas de rivale pour marcher sur les mains. Quoique pas républicaine, elle était sans culottes, aussi, pour ne pas offenser la pudeur du municipal, chargé nonobstant de faire respecter la morale, elle ramassait ses jupons entre ses jambes, les fixait à sa ceinture avec une épingle, et en avant deux.

Un soir ses jupons mal attachés tombèrent, elle ne s'en aperçut pas et fit sa culbute : Oh !... le municipal qui n'en perdait pas une bouchée ne put s'empêcher de s'écrier, N.-de-D..., les *belles cuisses*.

Le nom lui resta.

La salle de la Dame Blanche de la rue Saint-Antoine était l'une des plus anciennes de Paris, dans le monde des collégiens, elle n'était connue que sous le nom de *l'Astic*.

C'était le rendez-vous des grands peintres, qui venaient là pour y chercher des modèles. Chacun sait que le quartier était et est encore peuplé d'israélites.

En 1848, le bal de *l'Astic* fut transformé en club, un des comités qui présidaient à l'insurrection de juin y siégeait. La salle fut alors transformée en ambulance ; le général Négrier, blessé à mort à une des barricades voisines, y fut transporté.

On remarquait parmi les auditeurs assidus du *Club de l'Astic* un grand et magnifique garçon taillé en hercule, toujours en manches de chemise retroussées jusqu'au coude, un tablier de cuir (une basane) attaché à la ceinture ; c'était un interrupteur acharné. Au moment le plus pathétique du discours d'un orateur en renom, il demandait la parole et montait à la tribune sans se soucier des cris des auditeurs ; là, il secouait sa tête puissante : la tête de Danton sur les épaules d'un géant, et montrant ses bras nerveux à l'assemblée, disait invariablement : « Assez de blagues ! Vous parlez d'organiser le travail ; le travail, le v'là ! »

C'était un forgeron nommé *le Bourguignon;* son nom est encore célèbre dans les ateliers.

Il commandait en juin 1848, la barricade de la place Baudoyer, laquelle fut une des plus difficiles à prendre de Paris. Arrêté les armes à la main, il fut emprisonné avec un certain nombre de combattants dans les souterrains de l'Hôtel-de-Ville.

Vers minuit, un officier prit dans le tas, au hasard, et on conduisit les prisonniers attachés deux à deux, escortés d'un fort détachement de chasseurs, dans la plaine du Champ-de-Mars, bien approprié pour ces terribles exécutions; puis, là, pêle-mêle, ils étaient, sans pitié, fusillés, massacrés à bout portant. *Le Bourguignon* se trouvait au milieu du tas; aux premiers coups de fusil, il tomba; le peloton rechargea ses armes; nouvelles hécatombes, jusqu'à ce qu'il ne restât rien debout.

Aussitôt arrivèrent, à un signal donné, une brigade d'hommes avec des tombereaux de boueux, dans lesquels ils jetèrent les cadavres sanglants, puis, le tout fut conduit au cimetière Montmartre.

Au travers les planches des tombereaux, le sang des malheureux filtrait, laissant sur leur passage de larges traînées rouges.

Arrivés au cimetière, une immense fosse était creusée; les fossoyeurs improvisés y jetèrent leur lugubre chargement et couvrirent le tout d'une légère couche de terre.

Vers trois heures du matin, *Bourguignon*, qui n'avait été que blessé, parvint, après des efforts inouïs, à se dégager des cadavres qui l'étouffaient, il se dressa sur son séant; puis, rassuré par le silence qui régnait autour de lui, avec mille précautions, il enjamba la masse inerte, glissant dans le sang à chaque pas, écrasant les moribonds qui gémissaient douloureusement. Enfin, il parvint à sortir de la fosse.

Il se glissa entre les tombes, s'orienta facilement grâce à un splendide clair de lune, et gagna sans encombre le mur extérieur du cimetière ; il se suspendit à la crête et se laissa glisser dans la rue.

Il se croyait sauvé, mais il avait compté sans les bourreaux qui battaient le quartier pour y chercher de nouvelles victimes ; il n'avait pas fait cent pas qu'il fut arrêté à nouveau.

Couvert de sang, du sien et de celui des autres, son compte était clair. Il fut conduit devant le sous-lieutenant, à qui il raconta simplement comment il venait d'échapper miraculeusement à la mort ; celui-ci, pris de pitié, le fit laver, lui donna des effets et le fit reconduire à son garni.

Hélas ! la fatalité poursuivait *Bourguignon*, car le même jour, dénoncé, il fut arrêté et envoyé sur les pontons. Quand on lui demanda son état civil, pour l'inscrire sur le registre du bord : « Je me nomme *Trompe-la-Mort*, » répondit-il. Ce nom lui resta.

Sous l'empire, la *Dame-Blanche* changea de nom ; on l'appela l'Elysée ; lorsque la rue de Rivoli fut prolongée, elle prit le nom de la grande artère. Comme par le passé, on y danse certains jours ; ceux où on ne danse pas, la Salle Rivoli est transformée en réunions publiques.

IX

L'Hôtel-Dieu. — La boîte aux dominos. — Hégésippe Moreau. — Les rois de France et l'Hôtel-Dieu. — Gamard et le Pont-aux-Doubles. — Le lit omnibus. — Le bouillon d'onze heures.

Paris compte environ deux millions cinq cent mille habitants. Il y en a un million qui frémissent à ce seul mot : *hôpital*.

Mercier, dans son *Tableau de Paris* (1780), commence ainsi son article sur l'Hôtel-Dieu : « J'irai à l'hôpital, s'écrie le pauvre Parisien ; mon père y est mort, j'y mourrai aussi. »

A nos oreilles, ce mot : hôpital, sonne comme un glas funèbre ; c'est la solitude, l'abandon ; le malade est éloigné des siens, il est livré à des mains mercenaires.

Le pauvre malade, chez lui, n'a qu'un grabat, il n'a pas de feu ; mais il a à son chevet, une mère, une femme, un enfant, une sœur ou une famille qui semble lui dire : « Courage ! » Son regard, errant aux quatre coins du taudis, peut reconnaître des objets qui lui rappellent le passé, peut-être un souvenir heureux, une joie fugitive, une heure de bonheur ; c'est une consolation. S'il meurt là, une main amie et dévouée lui ferme les yeux ; son dernier regard a encore pu lire dans les yeux de ceux qu'il aime et qu'il quitte : « Courage ! nous nous reverrons. »

A l'hôpital, rien de tout cela : un lit blanc, il est vrai, de grands médecins, de bons médicaments ; mais c'est pour le physique cela ; pour le moral : rien ; un prêtre qui psalmodie quelques phrases banales, la prière commune, qui vous *graisse les bottes;* un infirmier qui attend dans un coin que *l'homme ait fini* pour l'enlever aussitôt ; car la place est promise. Un autre râle sur un brancard à la porte.

L'homme, *le numéro,* va mourir, ses yeux cherchent : rien que le vide, des visages froids et insouciants ; sa main s'agite, rien à presser ; il ne trouve encore que le vide. Il se cramponne aux draps, aux couvertures, aux barres de fer du lit. Il voudrait attendre le jour de la visite ; la visite, c'est dans deux jours ; la mort n'attend pas. L'infirmier prépare *la boîte au domino;* le malheureux laisse échapper un cri, cri suprême. On tire les rideaux. Les malades disent tout bas, en se signant:

« C'est fini ! » Et un quart d'heure après, l'homme est à l'amphithéâtre.

Pendant sa vie il a travaillé pour nourrir les autres, sans pouvoir se nourrir ; lui, après sa mort, son cadavre est charcuté par les élèves ; il sert encore, on apprend à connaître la maladie qui l'a tué pour sauver les vivants.

Si une jeune fille entre à l'hôpital, quelle douleur elle éprouve, le matin à l'heure de la visite, quand le médecin de service, escorté d'une grande quantité d'élèves, soulève brusquement les draps, la découvre à nu. Tout son sang lui monte au visage ; elle paye de sa pudeur l'hospitalité qu'on lui donne, et, assurément, plus d'un assistant oublie une seconde qu'il est médecin pour se souvenir qu'il est un homme.

On l'interroge, elle peut à peine répondre ; le plus souvent sa voix se perd dans un sanglot.....

Hégésippe Moreau, dans un séjour qu'il fit à l'hôpital, en 1832, composa une pièce de vers intitulée : *Souvenir à l'hôpital* :

> Si seulement une voix consolante
> Me répondait, quand j'ai longtemps gémi ;
> Si je pouvais sentir ma main tremblante
> Se réchauffer dans la main d'un ami.

Quand Hégésippe écrivit ses vers, il était déjà très malade ; il sentait qu'il serait bientôt un *numéro à renouveler*, comme disent les infirmiers.

Et pourtant pour lui, comme pour beaucoup d'autres, l'hôpital est un palais. Voici un fragment de lettre inédite, qu'Hégésippe adressa à un ami, qui nous prouve cette triste vérité..............
....

« J'ai parfois des élans de piété et de reconnais-
» sance pour le ciel, car enfin je suis bien faible,
» mais je ne souffre pas. Je suis à l'hôpital, mais
» c'est là de l'opulence. Pour moi, je n'ai pas de
» famille, mes désirs sont bornés. J'ai tant souf-
» fert qu'il me suffit d'être à l'abri de la douleur. »
....

Ce fragment de lettre peut s'adresser à tous ceux qui entrent à l'hôpital.

Gilbert, un poète dont chacun connaît la mort, n'écrivait-il pas, huit jours avant la fin de son agonie, ces vers célèbres :

> Au banquet de la vie, infortuné convive,
>   J'apparus un jour..... et je meurs!...
> Je meurs, et sur ma tombe où lentement j'arrive,
>   Nul ne viendra verser des pleurs!...

Ces vers étaient gravés sur une plaque de marbre, sous le vestibule du bâtiment méridional de l'Hôtel-Dieu, afin que nos fils n'oublient point qu'il les écrivit huit jours avant sa mort, arrivée à l'âge de vingt-deux ans. Par une coïncidence singulière, cette inscription se trouvait entre les statues de saint Landry, de saint Louis et de Henri IV, les bienfaiteurs de l'Hôtel-Dieu, qui, par leurs libéralités, empêchèrent tant d'êtres humains de mourir dans la rue.

Des esprits chagrins ne leur tiennent point compte de leurs aumônes ; ils disent qu'ils restituaient simplement au peuple une portion des impôts qu'ils payaient. Il faut être juste : ces rois pouvaient tout garder.

L'Hôtel-Dieu était composé d'une réunion de bâtiments irrégulièrement disposés, construits et ajoutés les uns aux autres à différentes époques ; il était situé sur le parvis Notre-Dame, à droite de la cathédrale.

En 1804, on chercha à donner à cet amas de bâtiments quelque régularité. On construisit un pavillon avancé, d'un style sévère, couronné d'une frise dorique et d'un vaste fronton. Ce pavillon formait la seule façade de l'entrée principale.

Le péristyle était décoré des statues de saint Vincent de Paul et de M. de Montyon.

L'Hôtel-Dieu, depuis sa fondation, avait considérablement amélioré son système ; mais, hélas ! que de choses il laissait à désirer. Il datait des premiers siècles de la monarchie. Sa fondation est un peu nébuleuse, mais il est à peu près certain qu'on la dut à saint Landry, à l'occasion de la contagion causée par la famine de l'année 651. C'est Archinoald, maire du palais de Clovis II, qui donna le terrain à l'évêque Landry. Ce qu'on peut affirmer, c'est que le cartulaire de Notre-Dame, daté de 829, mentionne une charte de l'évêque Inchal où il est parlé de l'Hôtel-Dieu.

Une charte du milieu du quinzième siècle attribue à Philippe-Auguste la fondation de la salle Saint-Denis, la plus ancienne de l'Hôtel-Dieu, édifiée avec la chapelle vers 1186.

La salle Saint-Denis fut fondée par le bon roi Philippe : « Et illec sont couchiers les malades de
» chaudes maladies et aussi les malades de boces
» et aultres blesceures qui ont besoin de cyrurgien,
» et contient ladite salle 80 lits. »

La salle Saint-Thomas fut construite par ordre de la reine Blanche : « Et illec sont couchiers les
» moins malades comme ceux qui, de maladies,
» reviennent à santé, gens de coignoissances, pè-
» lerins et aultres. »

Sur le bord de l'eau et vers la rue du Petit-Pont :
« s'étendait la salle neufe, qui est la plus grande
» de tout Lostel fondée par le bon saint Loys, et
» illec sont couchiés les femmes malades de quel-
» ques maladies que ce soit. »

C'est aussi sur le Petit-Pont, « au chief dit
» l'Hostel-Dieu, que furent érigées les deux cha-
» pelles fondées par Louis IX, et décorées plus
» tard de deux beaux portaulx sous le règne de
» Louis XI. »

En janvier 1478, des lettres patentes de Louis XI indiquèrent de nouveaux travaux :

« L'affluence des malades et des gens blessez en
» nos guerres qui se trouvent audict Hostel, bien
» traitez et gouvernez, est tellement augmentée
» que nous de ce dénument informez, meus de
» pitié et de compassion, avons fait allonger et ac-
» croistre la grant salle d'iceulx malades jusques
» au portail de devant sur la rue du Petit-Pont, et
» fait de nouvel ung corps Hostel pour les gens
» d'estat malades. »

Le 14 mars 1515, par lettres patentes données à Lyon, François Ier, après avoir énuméré l'insuffisance du local, les inconvénients du « gros ayr
» contraire auxdits malades et dangereux pour les
» religieux et autres, et l'insuffisance des lits en
» chacun desquels, par faute d'aisance, on voit or-
» dinairement huit, dix et douze pauvres en ung
» lit, si très pressés que c'est grand peine de les
» veoir; » enjoignit d'augmenter les constructions sur le petit bras de la Seine, faire deux ou trois piles de pierres et aux deux extrémités deux masses pour tenir les arches, et sur icelles faire construire et édifier une grande salle de cinq à six toises de largeur et de vingt-cinq de longueur.

Cela ne fut exécuté que sous le règne d'Henri IV.

La principale salle, de la contenance de cent lits, affectée aux pestiférés, conserva jusqu'en 1772, le nom de *salle du Légat*. Elle occupait l'emplacement du vestiaire et de la partie occidentale du jardin.

Les anciens bâtiments de l'Hôtel-Dieu, construits

sur des pilotis défectueux, menaçaient de tomber en ruines, le prévôt des marchands et des échevins autorisèrent, en 1562 et en 1616, la construction des piliers et des voûtes qui relièrent les bâtiments.

Ces travaux, dirigés par l'architecte Claude Vellefaux, détruisirent complètement le pittoresque de l'Hôtel-Dieu du moyen âge.

La voûte, lourde, écrasée et cintrée, succéda partout à l'ogive; les hautes nefs furent coupées par des planchers.

En 1626, les échevins donnèrent suite au projet de 1513. Gamard construisit le *Pont au Double*, sur lequel fut élevé le bâtiment du Rosaire avec son magnifique portail de la rue de la Bûcherie.

En 1646, Gamard construisit le pont Saint-Charles, qui relia les constructions de la rive gauche au corps de logis principal de l'Hôtel-Dieu.

La population de l'Hôtel-Dieu s'élevait alors à 2,800 malades.

Sous Louis XIV, le nombre des malades était si grand et il augmentait tant, qu'on fut obligé de mettre six malades dans un même lit, et quelquefois huit.

C'est au régent Philippe d'Orléans (1716) qu'on doit l'achèvement du bâtiment de la salle Saint-Antoine. Il ne fournit pas un sou de ses revenus; il trouva plus simple d'établir, en faveur de l'Hôtel-Dieu, la perception d'un neuvième sur les billets de spectacles.

En 1738, les échevins de la ville de Paris accordèrent aux administrateurs de l'Hôtel-Dieu la concession d'un terrain vague situé depuis le Pont-au-Double jusqu'à l'abreuvoir situé à l'extrémité de la rue de la Bûcherie et de la place Maubert, sur le bord de l'eau, vis-à-vis le jardin de l'Archevêché.

Les donations faites à l'Hôtel-Dieu remontent aux premiers jours de sa création.

C'était l'abandon exclusif des dîmes sur des terres situées à Andresy, Chatenay, Chevilly, Bagneux, l'Hay, Steville, etc., etc.

Louis VII attribua à la Maison-Dieu un revenu de 3 sous 8 deniers de cens, sur un terrain situé près de la porte Baudoyer.

Par un acte capitulaire (1168) de l'église de Paris, l'évêque Maurique et son chapitre arrêtèrent d'un commun accord, qu'au décès de l'évêque ou d'un chanoine, leur lit appartiendrait à l'Hôtel-Dieu. Cette donation était très importante, car une quantité considérable de chanoines se sont succédé aux chapitres de Paris.

Les archives de l'Assistance publique contiennent une quantité considérable de documents, tels que legs universels, testaments, chartes privées qui prouvent l'empressement que la charité mettait à accroître le patrimoine des pauvres malades.

Hugues de Châteaufort donna, en 1178, deux maisons et une place, situées devant Sainte-Geneviève-la-Petite.

Adam, clerc du roi Philippe II et chanoine de Noyon, légua en 1199 à l'Hôtel-Dieu deux maisons, à la condition bizarre qu'on fournirait au malade, le jour anniversaire de sa mort, tous les mets qu'il pourrait désirer.

Philippe-Auguste fit à l'Hôtel-Dieu une libéralité singulière ; dans une de ses lettres on lit :

« Nous donnons à la Maison-Dieu, de Paris, si-
» tuée devant l'église de la bienheureuse Marie,
» pour les pauvres qui s'y trouvent :
» Toute la paille de notre chambre et de notre
» maison de Paris, chaque fois que nous partirons
» de cette ville pour aller coucher ailleurs ».

L'accroissement constant de la population parisienne rendait insuffisant le service de l'Hôtel-Dieu ; pour y remédier, en 1217, le chanoine-doyen Etienne, conjointement avec le chapitre, chargea par un statut quatre prêtres et quatre clercs des soins spirituels.

Trente prêtres et vingt sœurs également laïques, durent pourvoir aux besoins des malades.

On exigea d'eux la chasteté et ils furent soumis à une loi disciplinaire, sous la surveillance du chapitre et du maître de la *Maison-Dieu*, titre qu'on donnait au directeur de cet établissement.

Philippe-Auguste assigna à l'Hôtel-Dieu des rentes sur la prévôté de Paris ; ses successeurs ayant imité son exemple, ces rentes s'élevèrent en 1307 à 639 livres parisis 60 sous parisis ; en

1416, 6.347 livres parisis; en 1516, de 17.302 livres parisis, et enfin, en 1616, de 318.439 livres parisis.

Voici les dates présumées de ces donations :

1223, lettres patentes de Louis VIII; 1260, Louis IX constitue à l'Hôtel-Dieu des rentes sur le trésor royal, il assigna d'abord un revenu de 200 livres, puis un autre de 20 livres parisis.

1286, Philippe-le-Bel confirma le legs fait par Philippe III, dans son testament, de 200 livres tournois de rentes.

1291, Jeanne, comtesse d'Alençon et de Blois, légua 20 livres tournois.

1322, Blanche, fille de saint Louis, légua 20 livres tournois.

Saint-Louis octroya l'exemption de tous péages sur les denrées destinées à la nourriture des malades de l'hôpital, et il ajouta, en outre, le droit de ne payer qu'un certain prix les denrées qui lui étaient nécessaires.

Aux termes d'un privilège royal remontant à Philippe IV et confirmé, en 1352, par Jean II, les frères et sœurs de l'Hôtel-Dieu avaient un droit de prise sur les arrivages de poissons de mer et autres denrées.

En 1344, Philippe de Valois leur accorda le droit de faire paître leurs troupeaux dans les forêts royales.

Par lettres patentes de septembre 1385, Charles V

permit à l'Hôtel-Dieu de placer ses maisons sous la protection des « pannonceaulx et bastons royaulx, signez des armes de France. »

Une charte royale, datée de juillet 1484, signée Charles VII, confirma tous les privilèges accordés à l'Hôtel-Dieu par ses prédécesseurs, y compris l'exemption des droits de chancellerie, et fait mention de quinze lettres patentes portant confirmation de donations et amortissement des propriétés de l'hôpital.

Louis XII et Charles IX octroyèrent à l'Hôtel-Dieu l'exemption du logement des hommes de guerre.

Parmi les curieuses prérogatives de l'Hôtel-Dieu, il faut citer l'autorisation qui lui fut donnée par Charles IX, en 1574, de placer 1.090 livres de rentes à un taux usuraire de 12 pour cent.

Au moyen âge, les papes et les évêques frappaient d'excommunication tous ceux qui portaient atteinte aux privilèges et aux propriétés de l'Hôtel-Dieu.

Il existe à ce sujet, dans les archives de l'Assistance publique, des bulles très explicites des papes Clément VI, Clément VII, Benoît VIII, Léon X et Jules II.

Une autre source de revenus consistait, plus tard, dans les confiscations et amendes prononcées à diverses reprises contre les duellistes et contre ceux qui tenaient des maisons de jeu.

Henri IV, en 1609, ajouta aux revenus de l'Hôtel-Dieu, tous les deniers qui proviendraient des peines pécuniaires, saisies et revenus des imposteurs.

Louis XIII, par un édit royal de février 1626, ordonna que trois sous appartiendraient à l'Hôtel-Dieu sur les trente sous que l'octroi percevait par muid de vin entrant dans Paris.

Louis XIV confirma, par un édit de janvier 1670, le privilège accordé par Louis XIII ; cela rapporta à l'Hôtel-Dieu la somme de 900.000 livres.

En 1718, le roi, pour ne pas obliger les administrateurs de l'Hôtel-Dieu à quitter la Cité, leur accorda le privilège de *committimus au grand sceau*, qui leur donnait le droit d'évoquer toutes leurs affaires litigieuses devant le Parlement de Paris.

Nous avons parlé plus haut de la salle du Légat, affectée aux pestiférés ; le cardinal Duprat l'avait dotée de cent lits.

« Cent couches assavoir chacune de six pieds de long sur quatre de large, sous chacune desquelles couches il y aura une petite forme (sans doute un banc) de la longueur des dictes couches, qui se ostera pour reposer les dicts pauvres ! »

Ce passage nous indique comment les choses devaient se passer alors ; il est évident que les malades, ne pouvant pas tenir dans le même lit, « devaient nécessairement se relayer », et cette petite forme était destinée « à servir de siège à ceux qui attendaient le moment de pouvoir se coucher à leur tour. »

Tenon et Lavoisier furent chargés, en 1787 ou 1788, de faire un rapport sur l'état de l'Hôtel-Dieu. Voici un passage de ce rapport :

« Nous avons remarqué que la disposition générale de l'Hôtel-Dieu, disposition forcée par le défaut d'emplacement, est d'établir beaucoup de lits dans les salles et d'y coucher quatre, cinq et neuf malades.

» Nous avons vu les morts mêlés avec les vivants, des salles où les passages sont étroits, où l'air croupit faute de pouvoir se renouveler et où la lumière ne pénètre que faiblement et chargée de vapeurs humides. Nous avons vu les convalescents mêlés dans les mêmes salles avec les malades, les mourants et les morts, et forcés de sortir les jambes nues, été comme hiver, pour respirer l'air extérieur sur le pont Saint-Charles.

» Nous avons vu, pour les convalescents, une salle au troisième étage, à laquelle on ne peut parvenir qu'en traversant la salle où sont les petites véroles; la salle des fous, contiguë à celle des malheureux qui ont souffert les plus cruelles opérations, et qui ne peuvent espérer de repos dans le voisinage de ces insensés, dont les cris frénétiques se font entendre jour et nuit; souvent dans une même salle, les maladies contagieuses avec celles qui ne le sont pas ; les femmes attaquées de la petite vérole mêlées avec les fébricitantes... Le cœur se soulève à la seule idée de cette situation. »

Cela durait depuis longtemps, puisqu'en 1748 la contagion enlevait cinq cents personnes chaque jour à l'Hôtel-Dieu.

En 1562, on constata dans cet hôpital 67.000 décès; en 1580, 20.000; en 1596, 12.000, et en 1606, 6.000.

Il résultait d'une enquête faite à cette époque que l'Hôtel-Dieu, en cinquante-deux années, avait enlevé à la France quatre-vingt-dix-neuf mille quarante-quatre citoyens.

L'Hôtel-Dieu fut brûlé deux fois, en 1737 et 1772; le dernier incendie dura onze jours et détruisit toute la partie comprise entre la rue du Petit-Pont et le carré Saint-Denis. Un grand nombre de malades périrent.

Une souscription publique fut alors organisée; elle produisit en très peu de temps deux millions deux cent vingt-six mille huit cent sept livres. L'opinion publique s'émut fortement de ce terrible désastre; elle voulait le déplacement de l'Hôtel-Dieu.

Un rapport publié en 1816 nous montre comment on écouta ces justes représentations.

Les lits étaient entassés dans les salles et les malades entassés dans les lits; il y en avait souvent *quatre* et quelquefois *six* couchés ensemble; on a même vu, dans quelques occasions extraordinaires, placer les malades les uns sur les autres, par le moyen de matelas mis sur *l'impériale*, à laquelle on ne montait que par une échelle.

La portion d'air que le malade respirait était de trois ou quatre mètres, et le malade aurait eu besoin d'en avoir douze pour ne pas trouver un danger de plus dans l'atmosphère qui l'environnait.

Un pareil état de choses existait-il parce que l'administration était pauvre ?

Mercier nous répond que le revenu de l'Hôtel-Dieu était tel qu'il eût pu suffire à nourrir une *dixième partie de la capitale*.

Un inventaire du mobilier de la salle Saint-Denys, en 1537, est extrêmement curieux.

. . . .

« Mesnaige d'estain : Demye douzaine escuelles à bord, six douzaines et demye escuelles à oreilles.

» Mesnaige d'estain : Deux jastes à potage et leurs couvercles, un grand bassin à laver les piets, deux chaufferettes, ung bassin à barbier, deux bassinoueres.

» Mesnaige de bois : Deux chaizes persées à dossier. »

En 1788, les malades avaient chacun dans leur service une batterie de cuisine, des marmites, chaudières et chaudrons. Car à cette époque on ne se contentait pas de réchauffer les tisanes ou de préparer les cataplasmes, on faisait cuire dans les salles la soupe des malades, la bouillie des enfants, et cela s'appelait *raccommodage des aliments.*

Il fallait avoir une crâne faim pour manger au milieu de cette atmosphère fétide.

Jadis l'alimentation des malades était abandonnée au bon vouloir et à l'intelligence des administrateurs et des religieuses.

Voici quelle était, en 1535, l'alimentation des malades de l'Hôtel-Dieu :

« Ung chacun pauvre malade gisant en la maison aura pour sa pitance ung morceau de mouton dont il y aura 50 telz en ung mouton de moyenne sorte. Et quand on baillera ung pied de mouton pour un morceau, la fressure avec les autres intestins sera divisée en douze parties qui seront baillées avec douze piedz de mouton à douze pauvres malades.

» Et si les malades demandent du bœuf ou autre grosse chair, alors en sera baillé à ceux qui l'auront demandé, à l'équivalence des morceaulx de mouton s'il y en a.

» Et aux jours maigres c'est assavoir le mercredy, vendredi, sabmedy, et les jours de jeunes sera baillée portion de pitance aux pauvres malades en poisson ou en œuf à l'équivalent de la pitance de chair, selon le cours du marché, à la discrétion du maître et du despencier.

» A chacun malade sera baillé tant à disner que

a soupper demyon de vin entier et sain, et au desjeuner la moitié de demyon. »

L'usage de faire la cuisine dans les salles disparut vers 1791.

Un inventaire, fait le 10 germinal an X, porte la valeur du matériel de l'Hôtel-Dieu à un million neuf cent soixante-cinq mille cinq francs.

L'inventaire fait en 1866 donne au matériel une valeur de dix millions deux cent quatre-vingt-douze mille quatre cent quatre-vingt-quinze francs.

Primitivement, l'Hôtel-Dieu était desservi par des *sœurs noires*, mais elles se livrèrent à de tels débordements qu'en 1505 le Parlement les renvoya et les remplaça par des *sœurs grises*. Il nomma également huit bourgeois de Paris pour administrer la maison qui n'en fut pas mieux administrée pour cela.

En 1793, l'Hôtel-Dieu changea de nom.

Séance du duodi, la troisième décade de brumaire an II

« Le procureur de la commune requiert que l'on change dans les hôpitaux les noms des salles de malades, et que l'Hôtel-Dieu soit appelé *Maison de l'Humanité*. Arrêté et envoyé aux travaux publics pour l'exécution. — Signé : Lubin, vice-président ; Dorat Cubières, secrétaire. »

Par décret du 15 novembre 1793, la Convention ordonna de réunir l'Hôtel-Dieu au palais archiépiscopal ; elle autorisa la municipalité à disposer provisoirement des bâtiments du palais, afin que chaque malade fût seul dans un lit et que les lits fussent séparés l'un de l'autre par une distance de trois pieds.

En 1788, il avait été question de transférer l'Hôtel-Dieu à l'Ecole Militaire.

Ce projet n'eut pas de suite.

Autrefois, tous les matins, à quatre heures précises, un chariot traîné par douze hommes partait de l'Hôtel-Dieu. Ce chariot pouvait contenir cinquante cadavres. On mettait, dit Mercier, les enfants entre les jambes des adultes.

On versait ces cadavres dans une fosse large et profonde, on jetait dessus de la chaux, le prêtre bénissait la terre d'alentour et tout était dit.

Etait-ce assez horrible, et comme nous avions bien raison de dire que l'hôpital était la chose la plus lugubre qu'il soit au monde ?

Vers 1830, tout cela disparut, les salles furent assainies, les médecins augmentés, les infirmiers disciplinés.

En 1866, le corps médical comptait quatre-vingt-sept médecins, trente-quatre chirurgiens et dix-huit pharmaciens, c'est-à-dire un médecin pour soixante-dix-huit lits et un chirurgien pour quatre-vingt-six lits.

Pour les infirmiers, malgré ses efforts, l'administration moderne ne se trouvait pas beaucoup plus favorisée que l'ancienne, car l'Hôtel-Dieu ne comptait qu'un infirmier sur huit malades.

C'était peu, rapport au service, et c'était trop eu égard à la brutalité de ces hommes. Il est vrai qu'ils recevaient si peu !

Cela a toujours été un grand honneur pour les médecins d'être attachés à l'Hôtel-Dieu. Leurs portraits figuraient dans le vestibule, et c'était justice ; on y voyait Dupuytren, Bichat, etc., etc., en un mot tous les grands médecins du commencement de ce siècle.

Le nombre des lits se montait à mille, dont quatre cent quarante étaient destinés aux hommes et cinq cent soixante aux femmes.

Inutile de dire qu'ils étaient toujours pleins, toutefois, l'hiver principalement, car il existe à Paris une classe d'individus qui ont adopté l'hôpital, comme les riches vont à leur château. A l'hôpital, ils ont du feu, un lit bien blanc, des *domestiques,* tandis qu'au dehors ils n'auraient que le grand air, la faim, la paille ou des haillons.

C'est incroyable, c'est triste, mais cela est.

Les médecins ont beau se mettre en garde contre ces gaillards-là, mais il est facile de les tromper, car ils souffrent, c'est-à-dire qu'ils pâtissent quotidiennement, et dans cet état-là on a toujours l'air malade.

Quelquefois ces amoureux de l'hôpital étaient pris au piège, ils tombaient malades réellement.

La plénitude tue aussi bien que la misère, et ils mouraient. Cela ne corrigeait pas les autres.

Comme il faut être malheureux pour trouver l'hôpital un lieu de délices !

Les salles étaient d'une tristesse à fendre l'âme. Tous ces lits blancs, rangés, alignés méthodiquement ; les sœurs qui erraient comme des ombres, les plaintes de ceux qui souffraient, qui râlaient. Tout cela éclairé faiblement par une lampe suspendue au plafond. Une lampe ? Une veilleuse avare qui a l'air de marchander sa lumière et brûle péniblement comme pour l'amour de Dieu.

C'est la nuit sans sommeil qui était terrible. Là, l'hiver, on pouvait entendre le bruit des glaçons se heurtant au courant du fleuve, ou bien le dernier cri d'un malheureux qui se jetait par-dessus le pont.

Ah ! elles sont longues, les nuits à l'hôpital ; il fallait se coucher à sept heures du soir, après une prière qui n'avait rien de réjouissant.

A huit heures du soir, la sœur de garde passait avec son pot d'eau bénite et vous aspergeait le visage.

Vous vous réveilliez gelé, comme si le fossoyeur vous jetait déjà la première pelletée de terre.

Je doute que Dieu fût satisfait de cela ; dans tous les cas, s'il l'était, c'était cruel.

Un misérable dort, laissez-le, c'est l'oubli. L'humanité passe avant la prière. Là-haut, nous verrons.

Un peu moins de piété, un peu plus de pitié.

L'Hôtel-Dieu a été le théâtre de bien des épisodes, entre autres pendant les tristes journées de Juin.

Les médecins et élèves montrèrent un cœur et un dévouement remarquables.

La chronique de cet hôpital est riche en souvenirs et en anecdotes. Deux célèbres médecins, Dupuytren et Jobert de Lamballe, l'ont alimentée pendant bien longtemps.

C'est de l'Hôtel-Dieu qu'est partie la légende du bouillon d'onze heures.

Un malade amené un soir, vers cinq heures, fut couché, puis, suivant l'usage, l'interne de service, escorté d'un infirmier, vint pour le questionner et donner les prescriptions urgentes.

Le malade, imbu des préjugés qu'on a ordinairement contre l'hôpital, attendait anxieux; il repassait dans sa mémoire toutes les histoires lugubres qu'on débite à tort et à travers; il se disait : « La salle est pleine, j'arrive le dernier, on va sans doute, pour se débarrasser de moi, me faire mourir. »

Il répondit en tremblant aux questions de l'interne. Celui-ci voyant un homme plein de vie, plus malade du cerveau que du corps, ordonna un bouillon et ajouta : « Vous donnerez le bouillon d'onze heures. »

Dans la nuit, le malade mourut subitement.

Depuis cette époque, le bouillon d'onze heures est légendaire dans les hôpitaux, et on emploie cette expression pour dire que l'on se débarrasse des gens à volonté.

Point n'est besoin de dire que cette calomnie, accréditée parmi les populations, n'est entretenue que par la crainte qu'inspire l'hôpital.

L'Hôtel-Dieu fut démoli en 1876.

X

Le Banquet des Croque-Morts. — Mesdames les Ensevelisseuses. — Le Fossoyeur académicien. — Toast à la Patronne. — Le Fossoyeur ébéniste. — Le Monsieur du Cimetière. — La Légende de M. Bibassin. — Nous attendrons. — Le Croque-Mort perdu par la Bière.

Il y a quelques années, l'administration des Pompes-Funèbres avait établi ses magasins rue Bichat; étrange anachronisme, Bichat, le grand Bichat, le célèbre médecin, qui a laissé un nom si glorieux dans les sciences, l'auteur immortel du livre : *La Vie et la Mort,* avait donné son nom à la rue choisie par ce lugubre entrepôt.

Dans la rue Corbeau, qui commence en face de l'endroit où étaient situés les Pompes-Funèbres, il existait une maison dont le rez-de-chaussée était occupé par une boutique, dont l'extérieur était, ma foi, très réjouissant.

Devant la porte d'entrée, un grand comptoir, plaqué de marbre noir, supportait des brocs polis et luisants.

A la vitrine, on voyait des bouteilles au col allongé ou ventrues, fraîches rincées ou moussues, projetant au soleil ou à la lumière du gaz mille éclairs, produits par le liquide qu'elles contenaient, elles étaient toutes bariolées d'étiquettes diverses; tous les vignobles de France y étaient représentés, depuis le vin du Rhin jusqu'au gros bleu : question d'étiquette.

Ces bouteilles scintillantes attiraient l'œil, fascinaient le consommateur, qui se sentait attiré vers elles, comme l'oiseau charmé par le serpent.

Ce marchand de vin avait pour principaux clients, messieurs les porteurs, connus vulgairement nous le nom de *croque-morts*.

Pourquoi cette dénomination?

Nul ne le sait.

Combien de fois ce marchand de vin a dû frémir en entendant ces hommes noirs se faire leurs confidences, en savourant le petit canon de l'amitié sur le comptoir; il doit être philosophe, celui-là, il doit être habitué à l'image de la mort, car il a pu réfléchir à son aise sur la mobilité des choses humaines; il était impossible de passer devant cette boutique sans y voir des croque-morts debout devant le comptoir, causant joyeusement et buvant.

Les croque-morts boivent beaucoup.

Est-ce pour noyer leur sensibilité ?

Est-ce afin d'être calmes, fermes, stoïques quand ils vont dans une maison, chez la veuve en larmes, ou chez la mère éplorée, demander où est le cadavre ?

Cette question n'est pas résolue, mais les croque-morts sont des hommes tout comme les autres; ils ont leur dose de sensibilité, et ils boivent pour probablement oublier leur lugubre besogne. Malheureusement, quand l'ivresse n'est pas à son apogée, au lieu de faire oublier, elle ravive le souvenir; l'alcool fermente au cerveau de l'homme et pour un instant les idées s'élucident, alors le croque-mort boit encore ; il faut oublier, parbleu ; là il devient folichon et, devant le comptoir, il entonne la fameuse chanson, elle est du reste de circonstance :

> Monsieur le mort, laissez-vous faire,
> Il ne s'agit que du salaire.
> .. ..

Tous les ans, le 2 novembre, ceux qui ont la religion des morts, et ils sont nombreux, vont pleurer et prier au cimetière ; les croque-morts, au lieu de pleurer, se réjouissent, c'est leur fête.

Ils se réunissaient chez le marchand de vin dont nous venons de parler; ce ne sont pas les larmes qui coulaient, c'était le vin.

Le banquet avait lieu dans la salle du bas ; tout était en harmonie dans cette maison, où ne buvait que du vin cachet noir ; les tables de marbre étaient noires, tout comme les hommes.

Quant aux femmes (car les femmes étaient admises) elles étaient de toutes couleurs ; une fois installés, les convives, pour être plus à l'aise, ôtaient leurs habits et leurs chapeaux ; pas de vestiaire, tout pendait dans la salle, accroché aux porte-manteaux. Cet étalage faisait frissonner.

Ils étaient tous à table, cent cinquante environ, en manches de chemise, retroussés jusqu'au coude, assis sur des chaises de paille.

La table était plantureusement servie, le bœuf aux choux et le petit salé, remplaçaient les hors-d'œuvre ; en fait de gibier, de l'oie aux marrons et de la salade de chicorée, avec beaucoup de chapons empoisonnant l'ail.

Ils étaient galantins, ce jour-là, les croque-morts, ils mangeaient une portion de leurs pourboires de l'année.

— Allons, la payse, mettez cette épingle à votre châle. Cette épingle, c'était un demi-setier de gros bleu que la payse avalait sans sourciller.

Vers sept heures, le dîner commençait, on aurait entendu voler un mouchoir, les fourchettes, les mâchoires, les couteaux fonctionnaient et faisaient merveille, tout comme les chassepots de M. de Failly, à Mentana.

Les brocs succédaient aux brocs et ne séjournaient pas longtemps sur la table, les vins étaient rapidement enterrés dans la fosse commune de leur estomac. Au dessert, mesdames les ensevelisseuses qui étaient aussi de la partie égayaient la situation en chantant le répertoire en vogue : *Ohé les petits agneaux*, le *Pied qui remue*, et surtout la *Lisette de Béranger*, *Dans un grenier qu'on est bien à vingt ans;* car l'ensevelisseuse est sentimentale.

Si les croque-morts boivent sec, ils ne trinquent jamais à la santé de personne, parce que la santé est pour eux une ennemie mortelle, c'est le chômage forcé.

Celui qui boirait à l'immortalité serait chassé de la société comme un lépreux.

Les fossoyeurs sont l'élément remarquable de la réunion, ils ne font pas la cour à mesdames les ensevelisseuses, ce sont des êtres à part, ils n'écoutent rien de ce que l'on dit, parce qu'ils ne croient à rien.

Ils sont sceptiques autant que Voltaire, ils le sont devenus, à force d'enterrer leurs semblables, et de voir l'attitude des assistants, fils, filles, frères, veuves, neveux.

Ils ne croient plus à rien, parce qu'ils ont trop entendu d'oraisons funèbres, où l'on qualifiait d'honnêtes gens des gredins qui, de leur vivant, ne valaient pas un bout de corde, où l'on exaltait comme des Rubens ou des Raphaël, de misérables barbouilleurs dont le seul mérite était d'avoir eu l'épine dorsale assez souple pour faire partie d'une académie quelconque.

Ceux qui *font* la fosse commune sont plus tendres, plus larmoyants, que ceux qui *font* la fosse à part, ils ont vu plus de douleurs véritables, et plus d'une fois l'un d'eux a, à sa sortie d'un cimetière, emmené dans sa pauvre maison, l'orphelin dont il venait d'enterrer l'unique soutien.

— Tiens, femme, disait-il en rentrant, mets un couvert de plus, quand il y en a pour deux, y en a pour trois.

Ceux qui *font* la fosse à part ont une teinte de littérature, ils l'ont attrapée au contact des bénisseurs patentés qui ne manquent à aucun convoi huppé, les fossoyeurs ont retenu par-ci, par-là, un mot, une phrase, une pensée, ils ont classé le tout dans leur cerveau et à l'occasion ils causent volontiers.

Ce repas durait environ trois heures, ces messieurs n'étaient pas pressés, *la pratique*, comme ils disaient, peut attendre.

D'ailleurs, la mort accomplit sans cesse sa besogne, et demain il sera temps.

A la dernière heure, ce n'était plus un repas, c'était une orgie, le plafond de la salle tremblait sous le bruit des trépignements et des bravos frénétiques, prodigués à mesdames les ensevelisseuses, les sirènes de céans, qui chantaient en chœur à tue-tête, chaque couplet était arrosé et bissé, et chaque demi-setier avalé appelait un couplet.

Ça aurait pu aller longtemps ainsi.

Pourtant, tout a une fin : les enfants tombaient dans les coins, barbouillés de sauce et dormaient dans les plats, une carcasse d'oie pour oreiller. Ça les habituait aux cadavres.

Les chiens hurlaient et se battaient pour les os, c'était un vacarme infernal, chacun parlait sans entendre son voisin, le vin s'épanchait à flots, en taches livides sur les nappes, la fumée de cent pipes obscurcissait l'air et chargeait l'atmosphère d'une odeur âcre et nauséabonde qui blessait la vue et prenait à la gorge.

Peu à peu les convives roulaient sous la table. A ce moment, un fossoyeur, vrai type du fossoyeur *d'Hamlet,* montait sur la table et réclamait, entre deux hoquets, l'attention de ceux des convives que de vin n'avait pas terrassés.

— A la porte ! criaient les convives ; à boire ! à boire ! hurlaient les femmes.

— Vous avez tort de ne pas vouloir m'écouter, disait l'orateur ; vous avez tort, je ne veux boire à la santé de personne, écoutez-moi donc ; je veux boire aux assassins, aux bourreaux. Il est naturel de porter un toast à la santé de ceux qui nous donnent de la besogne toute l'année.

— Oui, oui, buvons à la santé de toutes les maladies, à la santé du choléra.

— Je veux boire à la santé des médecins...

— Tu insultes nos meilleurs fournisseurs! (Ce toast était porté avec un entrain fort remarquable.)

Un autre fossoyeur réclamait le silence pour porter un second toast.

Ce fut un tumulte épouvantable, enfin il put commencer.

— Je bois à la patronne! — la patronne fait comme le vin, elle console et endort, c'est une rude travailleuse, l'orbite n'a pas de prunelle, mais il voit clair, il sait où aller et ne se trompe pas. La patronne fauche les hommes, comme le paysan les seigles murs, c'est autant de besogne pour nous qui mettons en grange, nous sommes les engrangeurs de la mort.

Je bois à la patronne!

L'orateur s'interrompit tout à coup; il pressa sa tête comme un citron pour en tirer la substance. Enfin, l'inspiration lui faisant défaut, il s'arrêta net: tout le monde s'était endormi et ronflait à qui mieux mieux.

L'orateur, alors, regarda la foule qui était à ses pieds, puis avec un geste superbe, antique, solennel, il s'écria:

Margaritas ante porcos.

Tous les ans, à pareille époque, une réunion semblable avait lieu. Où se tient-elle maintenant?

Il y a une quinzaine d'années, un fossoyeur d'un

des cimetières de Paris exerçait en même temps l'état de menuisier ; il s'introduisait la nuit dans le cimetière et en exhumait les cercueils nouvellement enfouis. Après en avoir retiré les cadavres, il emportait le bois, qui lui servait à confectionner des meubles.

A la suite d'une querelle de ménage, la femme du fossoyeur, pour se venger des mauvais traitements qu'il lui faisait subir, révéla la conduite criminelle de son mari. Le commissaire de police fit une visite domiciliaire et saisit la bière d'un enfant qui avait été enterré la veille ; il saisit également un grand nombre de cuillères et de fourchettes propres à assaisonner la salade.

Ce fossoyeur était doublement criminel : il encourageait les médiums et les spirites à nous faire croire que les meubles gémissaient et pouvaient parler.

Là, peut-être, est l'explication de la table tournante, table construite avec la bière d'un avocat, imprégnée de *son sujet*, elle ne pouvait faire autrement que de parler.

Voyez-vous d'ici un gendre achetant à ce fossoyeur intelligent un buffet garde-manger fabriqué avec le cercueil de sa belle-mère !

Il est mort, il y a quelques mois, un spécialiste qui avait su se créer un genre à part ; les fossoyeurs l'avaient baptisé :

Le Monsieur du cimetière.

Il avait pour spécialité le mot de la fin.

C'est lui qui faisait du *parlage*, autrement dit le discours d'adieu.

Si peu qu'un homme connu, écrivain, poète, peintre, artiste dramatique, peu importe, vînt à trépasser, on courait vite chercher notre homme, et il arrivait sur le bord de la fosse célébrer les vertus du défunt, dans une prose plus ou moins attendrie ; si la famille était généreuse, il allait jusqu'aux larmes ; si elle payait sans compter, il allait jusqu'à l'évanouissement.

Vers 1883 mourut un homme dont toute la vie s'était écoulée dans l'obscurité la plus profonde, et qui n'avait aucuns droits à la plus petite fleur de rhétorique.

Le spécialiste n'avait pas été invité ; mais tant il est vrai que l'habitude est une seconde nature, il était venu quand même.

La triste cérémonie était terminée, l'assistance allait se séparer, lorsque le fossoyeur s'avança vers le *Monsieur du cimetière* et lui dit avec un gracieux sourire :

— Pardon, monsieur ; est-ce que nous n'aurons rien de vous aujourd'hui ?

Il existe une légende, qu'on appelle la *Légende du Croque-Mort*.

Quatre croque-morts, un matin, reçurent l'ordre d'aller rue Quincampoix, pour procéder à l'ensevelissement et ensuite à l'enterrement d'un épicier mort par accident.

Nos quatre gaillards en route, l'un, porteur d'un sac de son, l'autre, du marteau et du tourne-vis, et les deux derniers de la bière en sapin, s'arrêtèrent chez pas mal de marchands de vin ; enfin, après bien des stations, légèrement émus, mais graves et compassés, comme il convient en pareille circonstance, ils arrivèrent au but de leur course.

Tout Paris connaît la rue Quincampoix ; c'est du vieux Paris, une rue tortueuse et boueuse, un ruisseau coule au milieu ; ni air, ni soleil. Les hautes maisons à pignons aigus s'inclinent les unes vers les autres, comme si elles voulaient se serrer la main.

Cette rue est pleine d'odeurs étranges ; on y respire un parfum de cannelle, de girofle, de mélasse, de plantes médicinales, de patchouli et de trois-six. C'est là que, depuis un temps immémorial, la corporation de Messieurs les épiciers a établi son quartier général.

Les allées des maisons sont invraisemblables ; elles sont si sombres qu'un chat n'y trouverait pas ses petits.

Les hommes noirs entrèrent, et appelèrent en chœur Madame la concierge.

Madame la concierge ajusta ses besicles sur son nez, se leva majestueusement de son grand fauteuil de cuir et daigna répondre : « Qui m'appelle ? »

Un des croque-morts s'avança et demanda M. Bibassier.

— M. Bibassier, — que Dieu ait son âme, à ce pauvre cher homme ! — c'est au deuxième.

Les croque-morts franchirent l'escalier et frappèrent. La clé était sur la porte. Ne recevant pas de réponse, ils entrèrent.

Dans la première pièce, ne voyant personne, ils frappèrent de nouveau à une porte en face. Une voix grêle répondit :

— Entrez !

Ils entrèrent. Un homme était couché, le chef couvert d'un immense bonnet de coton. L'un des croque-morts alla à lui.

— Êtes-vous monsieur Bibassier ? fit-il.

— Non ; c'est l'étage au-dessus.

Une immense fantaisie traversa le cerveau du croque-mort. Il découvrit le malade et, d'une voix caverneuse, laissa tomber ces paroles :

« Messieurs, il est inutile d'aller plus loin, l'homme qui est couché là n'en a pas pour longtemps. Nous attendrons. »

Tous répétèrent :

« Nous attendrons. »

Chacun déposa ses outils dans un coin, et tous s'assirent sur la bière.

Le malade, effrayé, se démenait comme le démon dans un bénitier. Il avait beau implorer ses bourreaux, ces derniers restaient sourds à ses supplications et répétaient : « Nous attendrons. »

La journée se passa sans incident.

Le soir venu, la concierge vint pour apporter de la lumière ; mais à la vue des hommes noirs, elle laissa tomber le chandelier et s'enfuit en hurlant.

A ces cris multipliés, une porte s'entr'ouvrit brusquement à l'étage supérieur.

C'était M. Bibassier qui n'était qu'en léthargie ; les cris de la concierge l'avaient éveillé.

Le malade mourut dans la nuit, et M. Bibassier eut la douce satisfaction d'accompagner au cimetière l'infortuné épicier, son voisin.

C'est depuis cette époque que, chez les croque-morts, le proverbe a pris racine :

« *Che va piano va sano.* »

Les *croque-morts* ont aussi été représentés dans la Commune de Paris. Un des leurs, nommé Corneille, au moment du 18 mars, devint colonel.

Corneille affectionnait deux locutions de son ancien métier. Quand une chose lui semblait convenable :

— C'est excellent ! disait-il... Sapin fort !

L'expression : « Sapin faible ! » était pour lui la meilleure manière de témoigner son mépris.

Après la Commune, Corneille reprit sa place de croque mort. Il vivait paisiblement, lorsque, un jour, il reçut un large pourboire d'un héritier généreux. Il entra boire un bock dans un café aux environs du Père-Lachaise. Il était assis tranquille, rêvant aux grandeurs d'antan, tout en prêtant une oreille distraite à la conversation de deux messieurs qui parlaient politique à côté de lui. L'entretien tomba sur M. Thiers.

— Sapin faible ! gronda Corneille.

Hélas ! cette malencontreuse exclamation était tombée dans l'oreille d'un agent de la sûreté qui causait avec le patron du café et qui avait entendu parler de lui. Il l'arrêta immédiatement.

— C'est égal, c'est triste, disait Corneille en s'en allant, de voir un croque-mort perdu par la *bière!*

XI

L'Ange gardien. — Les Matelassiers. — Le Beurre au Suif. — Le Père la Pêche. — Le Millionnaire. — Rassis toujours frais. — La Galette du Gymnase. — Coupe-Toujours. — Le Savetier. — Le Testament de M. Pipier. — Épitaphe. — Le Conservateur de Dominos. — Le Lapin Blanc. — Le Père Girot.

Il n'y a pas que les monuments qui disparaissent, pour les besoins de la société moderne, ils entraînent avec eux un grand nombre de professions dont on perd facilement le souvenir ; aujourd'hui déjà, elles appartiennent à la légende.

Qui se souvient de *l'Ange gardien*, chargé de reconduire les pochards à domicile ?

Depuis l'annexion de la banlieue, c'est un type disparu ; ce n'est pas que les pochards n'existent plus, mais les marchands de vin n'ont plus pour eux la même sollicitude que jadis et ils laissent au sergent de ville le soin de remplacer le rôle de *l'Ange gardien*.

Tout le monde se rappelle le spectacle curieux qu'offrait tous les jours la place du Caire et lui donnait un aspect si pittoresque.

Dès sept heures en hiver, et cinq heures en été, une nuée de *matelassiers* et de *matelassières*, munis de leurs instruments de travail, deux cardes et deux grandes barres de bois, venaient s'asseoir en ligne tout autour de la place, sur de petits escabeaux de bois, attendant qu'une pratique vînt les chercher.

Ils étaient quelquefois plus de cent, vêtus des costumes les plus bizarres, rappelant les modes de la Sologne et de l'Auvergne, dont la plupart étaient originaires; ils gagnaient de quatre à cinq francs par jour; on les a chassés, ils ne sont plus que quelques-uns; la profession, d'ailleurs, ne fournit plus de quoi nourrir ceux qui l'exercent, la carde à la main a été remplacée par la machine!

Avant l'invention de la *margarine*, les Parisiens qui s'approvisionnaient aux halles s'étonnaient de voir chaque matin, à peu de distance de l'église Saint-Eustache, une quantité de voitures chargées de belles feuilles vertes, que les marchands vendaient par centaines à des femmes costumées en paysannes et coiffées invariablement d'un mouchoir à carreaux, cette coiffure se nommait une *marmotte*.

Le métier de ces femmes consistait à vendre à domicile de petites mottes de beurre qui, le plus souvent, se composait de suif travaillé et qui ne pesait jamais le poids qu'elles indiquaient.

Elles se prétendaient fermières aux environs de Paris, et c'était pour mieux tromper les ménagères trop économes qu'elles prenaient ce costume et enveloppaient de ces feuilles leurs produits frelatés.

La margarine est encore moins sale que le beurre artificiel fabriqué à Londres par le moyen suivant : Des pieux sont enfoncés dans les égouts, le courant y laisse un dépôt graisseux qui s'y attache ; ce dépôt est gratté chaque jour et vendu à des industriels qui le transforment en beurre premier choix.

Le *Père la Pêche* est devenu un gros propriétaire, il est châtelain aux environs de Corbeil.

Certainement, tous ceux qui l'ont vu ne pouvaient se douter qu'un semblable métier le conduirait à la fortune.

Il avait une voiture exactement comme celle des marchandes des quatre-saisons, tapissée d'une toile cirée, sur laquelle étaient entassés de petits morceaux de pain d'épice, ressemblant à des pavés en miniature ; il n'avait pas de places attitrées ; on le rencontrait à tous les coins de Paris, tantôt à Belleville, tantôt à Montparnasse, surtout les dimanches, quand la foule affluait.

Les moutards guéttaient son arrivée; sa place choisie, il enlevait les brancards de sa voiture, qui prenait l'aspect d'une boutique; aussitôt les petits l'entouraient en criant : Vive papa! vive papa! Alors il prenait une canne à pêche, il y attachait une ficelle et en guise d'amorce, il plaçait au bout de la ficelle un petit pavé; le *Père la Pêche*, sa ligne d'une main, une baguette de l'autre, pour mettre à la raison les plus gourmands, commandait à tous de mettre la main sous la blouse.

Il promenait sa ligne devant les enfants, qui ouvraient des bouches larges comme des fours pour saisir le bienheureux morceau de pain d'épice. Il arrivait souvent que plusieurs le happaient au passage, alors, d'un coup sec, il le dégageait, non sans qu'il ait été sucé. La lutte se concentrait parfois entre les deux plus intrépides, qui suçaient tour à tour le morceau tant convoité : ils se heurtaient le nez, le front, mais rien ne les décourageait.

Pendant cet exercice, il leur faisait la morale : — Ce n'est pas bien de sucer le nez de son voisin. — Il faut être patient pour arriver à posséder. — Sucez chacun votre tour, cela vous apprendra la fraternité.

De temps en temps, un gamin profitait de son inattention pour sortir la main du rang et chipper un morceau; mais le *Père la Pêche* aussitôt tapait avec sa baguette sur les doigts de l'audacieux. Nouvelle morale :

— Monsieur, vous avez de mauvais instincts. — Il faut respecter le bien d'autrui. — La gourmandise, c'est la première étape du vol.

Enfin, il offrait ses cornets tout préparés pour le prix modique d'un sou.

Il avait bien raison de dire que la patience mène à la fortune !

Vers sept heures du matin, du faubourg Saint-Martin à la Bastille, on entendait retentir le son d'une grosse cloche, et l'écho répétait ce cri : J'vais m'en allais ! j'vais m'en allais !

C'était le *Millionnaire*. Invariablement, été comme hiver, coiffé d'un chapeau haut de forme, vêtu d'une redingote noire, un lambeau de toile bleue lui ceignait la taille, remplissant l'office de tablier, chaussé de sabots rouges comme ceux que portent les garçons bouchers, il traînait une voiture sur laquelle flottait un superbe drapeau tricolore tenu par une gigantesque main de carton au-dessous de laquelle étaient écrits ces mots : *Rassis toujours frais*.

Sa voiture était remplie d'une quantité de brioches, de pains au beurre, de cornes et de petits pains de toute nature, gruau, seigle, etc., etc., tout fumants et abrités par une couverture de laine qui conservait la chaleur.

Voici l'explication de ces deux expressions :

Rassis toujours frais, qui paraissent la négation l'une de l'autre.

Le *Millionnaire*, ancien garçon boulanger, avait remarqué que les boulangers qui fournissaient les petits pains aux restaurateurs les leur reprenaient le lendemain, s'ils ne les avaient pas écoulés ; ils subissaient ainsi une certaine perte, ne pouvant les vendre que pour parfaire le poids du gros pain. C'étaient des *rassis*, et la pratique ne veut que du tendre.

Il passa des marchés avec les boulangers, à qui il racheta les stocks de petits pains invendus à un prix très inférieur, puis il fit établir des fours spéciaux dans lesquels, le lendemain, il travaillait les *rassis*, qui devenaient *frais*.

Il gagna une énorme fortune ; il avait trois maisons sur le pavé de Paris, mais n'abandonnait pas pour cela le métier qui l'avait enrichi.

Il mourut d'une attaque d'apoplexie en criant : J'vais m'en allais ! Cette fois, il s'en allait pour tout de bon.

Et la *Galette du Gymnase*, inventée par Guillet, et le *Père Coupe-Toujours*, hélas ! disparus aussi !

L'industrie du *savetier* commença à disparaître il y a une vingtaine d'années. Paris s'élargissant, s'embellissant, les coins de rues, les terrains en retraite ou négligés, furent repris et utilisés pour l'harmonie des maisons et des rues.

Le *savetier*, de toute antiquité, joua un rôle actif

et honorable dans la bonne ville de Paris. Tour à tour philosophe, frondeur, chansonnier, nous le rencontrons à toutes les époques de notre histoire.

Lors des massacres de la Saint-Barthélemy, les *savetiers*, et tout particulièrement ceux qui avaient leurs échoppes aux abords de l'église Saint-Germain-l'Auxerrois, sauvèrent un grand nombre de huguenots qu'ils cachèrent sous des tabliers de cuir ou sous un monceau de vieilles chaussures.

Les échoppes de *savetiers*, à cette époque, étaient établies en grand nombre au coin des rues de l'Arbre-Sec et des Prêtres, dans la rue de Béthizy, rue des Poulies, etc.

C'était souvent une baraque de bois roulante, plus souvent encore une simple tente de toile goudronnée, soutenue contre le mur par deux perches, et, sous cette tente, une petite table à rebords. Qu'il fît chaud ou froid, le *savetier* était toujours là, battant la semelle et chantant :

Un savetier chantait du matin jusqu'au soir ;
C'était merveille de le voir.....

En 1789, le *savetier* de Paris arbora fièrement la cocarde tricolore ; il composa et popularisa des refrains patriotiques, haranguant dans les carrefours les passants qui s'arrêtaient pour l'écouter chanter. Lorsque venait la pluie ou la neige, il abritait sous l'auvent de son échoppe tous ceux qui prêtaient l'oreille à ses chansons ou à ses épigrammes.

Les enfants des *savetiers* formèrent un bataillon pour courir aux frontières défendre la patrie en danger.

Le *savetier* était devenu patriote comme par enchantement; au coin des carrefours, dans l'encadrement des vieilles portes cochères condamnées, occupées par leurs échoppes, ils étalèrent sur les murs les bulletins de la grande armée, à côté des portraits de Bonaparte, Carnot, Masséna, Desaix et Kléber.

Dans chaque échoppe, il y avait une pie ou un geai qui jabotait dans une cage d'osier.

Dans l'impasse des Peintres, en 1802, un *savetier* était directeur d'un théâtre établi au quatrième étage, sous les combles. Il l'avait baptisé : *Spectacle Bourgeois*. Une échelle de meunier donnait accès aux loges qui coûtaient douze sous, le parterre coûtait six sous. L'histoire n'a pas conservé le nom de ce *savetier* directeur.

Sous le premier empire, sur l'emplacement du couvent *des Bons-Hommes*, il avait été question de construire un palais à l'usage du roi de Rome, mais l'année 1814 empêcha d'exécuter le plan.

Un *savetier*, du nom de Rémy, à l'aide de pierres ramassées sur les chemins, construisit sur cet emplacement non un palais, mais une échoppe.

Cette échoppe gênait, elle devait être démolie ; le savetier, obstiné, refusait de quitter sa *maison*.

Napoléon lui fit offrir 10,000 francs, le savetier

on demanda 15.000; bref, chaque fois que l'Empereur acceptait, le savetier augmentait sa demande de 5.000 francs.

Napoléon, ne pouvant vaincre la résistance du *savetier* (on lui avait offert jusqu'à 50.000 francs), fit entourer d'un mur la propriété du récalcitrant.

Cette échoppe existait encore en 1866 ; elle fut démolie pour aligner le Trocadéro.

Le *savetier* était plus que chansonnier, il fut poète à ses heures ; j'ai retrouvé une brochure des plus curieuses qui fut publiée à Troyes vers le milieu du dix-septième siècle ; elle peint admirablement le *savetier* et vaut la peine d'être reproduite, autant par la naïveté de son style que par sa rareté :

TESTAMENT

SÉRIEUX ET BURLESQUE

D'UN MAITRE SAVETIER

Observez que MM. les savetiers prononcent la manique, *et non pas* manicle. *Il faut ici parler leur langage.*

Puisqu'il faut en tous lieux que toute créature
Paie, bon gré mal gré, tribut à la nature ;
Puisque tant de héros que l'histoire a vantés
Ont été, sans égard, par la mort emportés ;
Romulus, Annibal, Darius, Alexandre,
Les Césars, les Catons, ne sont qu'un peu de cendre ;
Je vois qu'il me faudra subir le même sort,
Et je veux disposer de tout avant ma mort.

Mon corps, jadis l'objet de la risée publique,
Sera pendant deux jours gardé dans ma boutique,
Et je laisse aux gardiens de ce triste dépôt,
Le soin de s'attirer un éternel repos.
Les deux jours expirés, que ma coterie antique,
Messieurs les savetiers et tous gens à manique,
Avant que de porter mon corps au monument,
Lisent publiquement ce présent testament.
Mon corps étant caché dans une étroite bière,
Je veux que l'on l'enterre au bout du cimetière,
Auprès de mon tombeau, deux cierges allumés,
Ne seront point éteints qu'ils ne soient consumés.
Le respect que l'on doit aux cadavres humains
Ne veut pas que l'on fouille en ces lieux souterrains ;
Encore moins que l'on souffre un chien fouiller les fosses ;
Si tu en trouves un, il faut que tu le rosses.
C'est à mon fils, ici, que je tiens ce discours,
Lui qui, seul des mortels, me respecta toujours.
Je lui laisse un avis, pour toute récompense,
Il est très salutaire, ou du moins je le pense :
C'est d'éviter partout les objets séduisants,
Qui, pour nous perdre tous, ne sont que trop puissans.
Chacun, je crois, entend ce qu'ici je veux dire,
Je parle en général et ne veux pas médire,
Je dis donc clairement, sans personne nommer,
Qu'il y a des objets qu'on ne doit pas aimer ;
  Si la femme, par sa malice,
  Fit tomber dans le précipice,
Adam et Salomon, et David et Samson,
  Est-il quelque mortel qui puisse
  S'assurer contre l'artifice
  De ce funeste poison ?
Je ne veux pourtant pas que quand il aura l'âge
Qu'exige justement le parti du mariage,
Il dise, sans raison, un éternel adieu
Au sexe féminin qu'il estime en ce lieu.
Je sais que ce pays lui en procure une sage,
Qui peut le rendre heureux, du moins c'est son langage.
Ce que je prétends donc, c'est qu'il soit désormais
Beaucoup plus circonspect qu'il ne le fut jamais,
Et qu'il soit bon époux un jour, s'il le doit être,
Toujours sujet fidèle, et bon père et bon maître.
Tels sont les sentiments et les prudents avis

D'un père qui craint Dieu et qui chérit son fils.
Pour vous, Messieurs, voyez dans tout mon inventaire
Ce qui peut vous servir ou ce qui peut vous plaire ;
Vous savez que, pour vous, j'ai fait en temps et lieux
Tout ce que pouvait faire un ami précieux ;
Messieurs les savetiers, gens vraiment vénérables,
D'autant que le besoin vous rend indispensables,
Cherchez, vous trouverez dans mes anciens papiers
Le secret de former de solides souliers,
Sans tromper le public, non plus que nos confrères
Messieurs les cordonniers, un peu trop mercenaires,
Qui nous ont empêchés d'employer d'autre cuir
Que celui que déjà ils avaient fait servir.
Vous trouverez aussi dans mon vieux portefeuille
Des secrets de notre art qu'avec soin je recueille;
Ce ne sont point ici des présents faits en l'air,
Ils sont plus permanents que ne dure un éclair ;
Si vous venez à bout de les mettre en usage,
Notre métier sera plus brillant d'âge en âge,
A ma femme je laisse un billet de cent francs,
Que je tiens d'un fameux débitant d'Orléans,
J'ai son nom par écrit, mais âne de nature,
Il est, je crois, réduit dans un noble hôpital,
A vivre comme il peut et avoir bien du mal.
A ma fille j'ordonne en ce moment critique,
Qui me permet encor de parler de manique,
De ne prendre en mariage, ici non plus qu'ailleurs,
Jamais de cordonniers, savetiers, ni tailleurs,
Ils sont trop exposés, à Paris comme à Troyes,
A duper le public dont l'argent est leurs proies.
Il est rare que ceux de leur profession
Ne soient pas mis au rang... vous savez le dicton.
Ainsi qui veut me croire, et passer pour brave homme
Ira plutôt nus pieds, de Paris jusqu'à Rome,
Que de s'allier à gens dont l'art trop dangereux
Les expose souvent à des tours odieux
Mais enfin, il me faut finir toute morale
Et distribuer à tous ma boutique et ma malle.
Premièrement je laisse à Jean Claque Sabot,
Ma linote et sa cage avec mon escabot,
Sur lequel j'ai sans cesse, occupé sans relâche,
Été toujours assis, pour enseigner au lâche,
Que pour manger du pain, il faut bien travailler.

Et qu'on ne doit jamais se faire tirailler,
Comme font bien des gens que paresse domine,
Et qu'on voit au travail faire mauvaise mine.
Secondement je donne à mon cousin Lupié,
Ma poix et mon tranchet avec mon tire-pié.
Qu'il prenne aussi, s'il veut, mon fil et mes aiguilles,
Qui sont dans un grand sac construit de peaux d'anguilles
A mon ami Benêt, je donne mon baquet,
Afin que quand le vin lui donne le hoquet,
Il puisse s'en servir... du moins Margot, sa femme
Ne s'apercevra pas qu'il a souillé son âme,
Comme c'est sa coutume, avec des vieux lurons,
Qui se font surnommer *des piliers de bouchons.*
Troisièmement je laisse, à mes amis antiques,
Mon cuir, tous mes souliers, et toutes mes maniques,
Pour mon frère Lipier, qui n'aime point l'ennui,
Je laisse de bon cœur ma pipe et son étui.
Comme je ne veux pas causer de jalousie,
Le linge à mes parents, ma malle à mes amis,
Aux pauvres les habits que j'ai sans cesse mis
Depuis plus de trente ans que je suis en ménage,
En général tous ceux que j'eus dès mon bas âge
Ma femme aura ma pie avec mon perroquet
Ils savent bien tous deux imiter son caquet.
En quatrième lieu, je donne à ma cousine,
Qui chez Monsieur Huriot, fait si bien la cuisine,
Et qui souvent eut soin, par amitié pour moi,
De me bien régaler, je lui donne de quoi
Se faire une coiffure avec mes deux manchettes
Qui me rendaient si beau tous les grands jours de fêtes.
Je veux aussi qu'elle ait tout mon bois à talons,
Mes épingles, mes cols, avec mes vieux haillons ;
Elle pourroit aussi emporter mes galoches,
Tous mes bonnets de nuit, chaussettes et banboches ;
Car cette créature est, j'ose l'assurer,
Une assez bonne fille, si jamais d'en trouver
Il fut possible à l'homme ; ainsi elle mérite
De recevoir de moi tout ce que j'ai d'élite.
Or, tout mon linge fin, et la clef du cellier,
Est ce qu'aimoit le plus, moi, François Pipier,
Donc, en les lui laissant, je prouve que mon zèle
Est bien aussi parfait qu'il doit l'être pour elle,
Que les autres outils, marteaux et cetera,

Soient très exactement donnés au sieur Féra.
Enfin voici, messieurs, ma volonté dernière,
Volonté de celui qui finit sa carrière :
Je veux pour épitaphe une pièce de vers,
Qui fasse voir ici, même à tout l'univers,
Que telle fut ma mort, qu'avait été ma vie,
Et qu'à suivre mes pas un chacun je convie ;
Que l'on grave avec soin sur mon humble tombeau
Ce que l'on trouvera de plus grand, de plus beau ;
Pour frapper les esprits et émouvoir les âmes
De ceux qui craignent peu les éternelles flammes.

ÉPITAPHE

Ci-gît Monsieur Pipier
Excellent savetier,
Quoique beaucoup bizarre
Il fut un homme rare,
Puisque de lui l'on croit
Que jamais ne dupoit.
Il disoit peu de chose,
En pensoit encor moins,
Mais son épouse, Rose,
Semblable au tic-tac des plus bruyants moulins,
Parloit toujours pour lui.
Cet homme sur l'appui
De messieurs à manique,
La bonne foi antique
Eut toujours sa vertu,
Ce chemin peu battu
Par messieurs les vénérables,
Fut pour lui des sentiers beaucoup plus agréables,
Que les larrons honteux
Que font les malheureux...
Parmi ces respectables
Si quatre seulement
Sont pour lui charitables.
Il sera très content.
Qu'ils prient Dieu pour lui ; *Requiescat in pacé*,
N'en faut plus parlé.

Vers 1857, tous les flâneurs fredonnaient sur les boulevards :

> Il faut qu'un bon savetier
> Save, save, save, save
> Il faut qu'un bon savetier
> Save, save, save son métier.

Ce couplet se chantait aux Bouffes-Parisiens dans le *Savetier et le Financier*, de Crémieux et d'Edmond About.

Le *savetier* est devenu un bourgeois, il a planté sa tente au milieu du nouveau Paris et a troqué son échoppe, son baquet de science et son tire-pied contre un brillant magasin étincelant de lumières, de glaces et de dorures, il s'intitule pompeusement cordonnier, c'est le progrès. L'ancien perruquier est bien devenu un professeur de coupe raisonnée.

Connaissez-vous le *Conservateur de dominos ?*

Lorsque le père Vachette tenait le restaurant célèbre qui forme l'angle du boulevard et du faubourg Montmartre, il avait pour client assidu un grand joueur de dominos qui, à force de remuer les dés et de souper, laissa son dernier sou sur une de ses tables.

Le restaurateur, ému de cette ruine, songea à nourrir gratuitement son ancien habitué, qui sans lui serait mort de faim et, pour déguiser cette aumône, il le nomma en souvenir de son ancienne

passion pour le domino, *conservateur de dominos*
de la maison qui en possède quatre jeux !

Tous les jours, gravement, comme un homme
chargé d'une sérieuse mission, avant déjeuner, il
venait inspecter les quatre boîtes placées sur le
marbre, au-dessous du baromètre, puis allait se
mettre à table avec la satisfaction d'avoir accompli consciencieusement son devoir.

Quand Brébant prit la succession de Vachette,
il conserva le conservateur.

Lorsqu'en 1860, on démolit la Cité, tout Paris
alla visiter le cabaret du *Lapin-Blanc*, un des derniers tapis-francs ; le père Mauras, qui en fut le
dernier propriétaire, était l'auteur des inscriptions
bizarres qui ornaient l'intérieur de la salle.

Je me rappelle avoir visité cet horrible repaire,
construit sur trois étages de caves. Le père Mauras,
malin, voulant attirer la foule et faire croire que
son cabaret était peuplé de voleurs et d'escarpes,
avait raccolé dans les carrières d'Amérique et dans
les bouges de la capitale une vingtaine de pauvres
diables inoffensifs qui figuraient chaque jour et
épataient les bourgeois, qui les prenaient au sérieux, en serrant de près leur porte-monnaie.

C'était un farceur, le père Mauras, quoi qu'on
fût en plein hiver et qu'il fît un froid de loup dans
la salle ; l'énorme poêle en fonte qui en tenait le
milieu était sans feu, il avait écrit à la craie sur la
cloche : « Relâche ! »

Après la démolition de son cabaret, le père Mauras se retira dans l'île Saint-Louis avec 30.000 francs de rentes, mais il n'était pas heureux, il avait la nostalgie de l'ignoble lieu où il avait vécu si longtemps ; tous les jours il allait à l'endroit où avait été son débit et venait ensuite se reposer sur un banc dans le jardin de l'Archevêché. Là, il restait des heures entières perdu dans ses souvenirs ; il est mort en 1872.

A la même époque mourut le *père Girot,* une célébrité dans le monde des chiffonniers.

Il était venu s'établir à Paris, vers 1840, place Maubert, dans une maison restée légendaire ; il ne savait ni lire ni écrire, c'était au moyen de lignes tracées à la craie sur une planche qu'il tenait sa comptabilité. Il vendait ou achetait pour cent mille francs de peaux de lapins par semaine.

Il est mort dix fois millionnaire, et dire qu'il y a des bacheliers qui ne trouvent pas à se placer comme balayeurs !!

XII

Le Concert Besselièvre. — Le Fusil à aiguille. — Qu'est-ce que la Femme ? — Mangin. — Le Père Vinaigre. — Le Marchand d'Éponges et Moustache. — Le Gratteur de Démangeaisons. — L'Aigle Impériale. — Le Vert-Galant. — La Maison du Bourreau. — Le Square du Temple. — La Fontaine Mystérieuse. — Le Parc aux Huîtres. — Les deux Rochers de Cancale. — Le Cabaret de la Côte de Beaune. — Voltaire et Piron.

Le Jardin de Paris remplace le Concert Besselièvre, absolument comme la piquette remplace le chambertin ; où sont les beaux jours où le vrai « tout Paris », les vendredis, envahissait le célèbre jardin des Champs-Élysées ?

Du côté des femmes : Mmes la princesse de Metternich, les duchesses d'Istrie et de Chazelles, la comtesse de Durfort, la princesse Ghika, les marquises de Béranger et d'Aoust, les comtesses de

Charnacé, de Galard, de Janzé, de Fontenelles, et tant d'autres que j'oublie !

Du côté des hommes : le duc d'Acquaviva, le vicomte de Poli, Clément Laurier, le comte Vigier de Mirabal, le comte de la Guéronnière, le général Fleury, etc.

Les célébrités littéraires et politiques venaient sous les marronniers causer sans façon ; l'opinion était laissée au vestiaire ; la politique était rigoureusement bannie ; l'esprit seul avait droit de cité ; les habitués se groupaient suivant leurs fantaisies ; autant de groupes, autant de petites cours, de cercles en plein air.

Autour de Mme de Metternich, gravitait une foule choisie, il y aurait de quoi faire des volumes avec les anecdotes qui s'y racontaient dans une soirée ; les petits, les grands s'asseyaient tour à tour sur la sellette ; la victime de la veille devenait le bourreau du lendemain.

Pendant la guerre entre l'Allemagne et l'Autriche, on demandait à Mme de R... pourquoi les armes prussiennes s'appelaient des fusils à aiguille ?

— Parce qu'ils passent toute une armée au fil... de l'épée.

— Et c'est la Parque qui coupe le fil.

— Les Prussiens ne sont plus qu'une armée d'aiguilleurs.

— Au fait, pourquoi n'appelle-t-on pas cela des

fusils à épingle; car au bout il y a toujours une tête cassée?...

— On peut dire qu'avec leur aiguille, les Prussiens ont tiré leur épingle du jeu.

— Oh! laissez les Prussiens, dit la charmante duchesse d'Istrie, parlons de la femme.

— C'est un sujet si vieux et toujours si nouveau, répondit le duc d'Acquaviva; c'est une question toujours brûlante.

— Suivant l'âge, car le temps est un rude pompier.

— Il laisse toujours une étincelle sous la cendre, dit la vieille duchesse de R...

— C'est vrai, mais il faut souffler si fort, dit le jeune Sigisbé de la vieille duchesse, qui reçut aussitôt un coup d'éventail sur les doigts pour sa remarque impertinente.

Clément Laurier passait, il s'arrêta.

— Ah! dites-nous, monsieur l'avocat, ce que vous pensez de la femme.

— Je pensais, répondit-il philosophiquement, que la femme est, pour nous autres hommes, l'*alpha* et l'*oméga*, la préface et l'épilogue, le commencement et la fin, car c'est elle qui nous met dans les langes et c'est elle qui nous met dans le linceul.

— Vous n'êtes pas gai, ce soir, monsieur Laurier.

— Non, je dîne chez ma belle-mère.

— Et vous, monsieur de Villabé, que pensez-vous de la femme?

— Je pense que je resterai célibataire.

— Vous n'êtes pas aimable. Vous êtes à plaindre, de n'avoir plus d'illusions à vingt-cinq ans !

— Peut-être ! J'aimais une toute jeune fille, blonde, fraîche, naïve; elle marchait le long d'un sentier en fleurs, effeuillant une marguerite. J'étais derrière cette haie, mon cœur battit; elle consultait certainement l'oracle pour moi. J'écoutais la douce enfant qui, tout en arrachant un à un les pétales de la fleur, disait :

— Il aura de l'argent... un peu... beaucoup... énormément... pas du tout !

Il aura de l'argent !

Voilà la femme !

M. de Besselièvre avait collaboré au *Corsaire*, au premier, celui qui avait réuni des esprits d'élite tels que Villemessant, René de Rovigo, d'Acquaviva, etc.; il avait conservé de son passage dans le petit journalisme la manie des mots de la fin; il ne manquait jamais une occasion d'en placer.

Un jour, un agronome distingué de la Sarthe vint lui faire une visite, et lui tint à peu près ce langage :

— Monsieur, vous avez organisé des conférences publiques qui sont très suivies. Vous devez désirer d'y voir traiter toutes les questions à l'ordre du jour par des hommes compétents. Or, la question agricole est à l'ordre du jour, et je suis reconnu pour l'un des agronomes les plus compétents de la

France, je vous propose donc de faire une conférence publique sur la question agricole.

— A qui ai-je l'honneur de parler? demanda M. de Besselièvre.

— M. Lacroix.

— Il y a beaucoup de personnes, beaucoup d'écrivains de votre nom, Monsieur; votre prénom serait indispensable pour éviter la confusion.

— Octave Lacroix.

— Mais pardon, Monsieur; il y a un littérateur distingué qui s'appelle Octave Lacroix, et il y aurait certainement confusion.

— J'ai deux autres prénoms : Jules...

— Jules Lacroix protesterait.

— Et Paul?

— Le bibliophile Jacob réclamerait. Mais j'y pense; faites comme M. Mathieu de la Drôme, M. Jobert de Lamballe, M. Boulay de la Meurthe, ajoutez à votre nom celui du département ou de la ville que vous habitez.

— J'habite Mamers, dans la Sarthe.

— Eh bien! c'est cela, dit M. de Besselièvre. vous vous appellerez: *Lacroix de Mamers!*

L'agronome court encore.

M. de Besselièvre, en 1857, associé avec Dartois, avait dirigé la salle Musard, établie dans l'ancien hôtel d'Osmond, rue Basse-du-Rempart.

M. de Besselièvre est mort, et le concert qui portait son nom a disparu.

Très certainement, les habitués du Jardin Besselièvre ne connaissaient pas le *Gratteur de démangeaisons,* la providence des galeux !

Il se tenait chaque matin à la porte de l'hôpital Saint-Louis, affecté, comme on sait, au traitement des maladies de peau. Quand il voyait un malade atteint de la *charmante* (gale), il s'empressait aussitôt de lui offrir ses services et le grattait vigoureusement. Coût : dix sous !

Ce n'était vraiment pas cher pour un tel service. Notre homme gagnait néanmoins sept à huit francs par jour à ce métier.

Il est mort récemment, sa place est vacante. Avis aux députés qui ne seraient pas réélus.

C'est à croire que Paris ne danse plus..... que devant le buffet. Tous les bals, riches et pauvres, disparaissent successivement.

L'*Aigle Impériale*, cours de Vincennes ; son voisin, le *bal des Délices;* le *bal des Deux-Éléphants,* le *bal du Sauvage,* le *bal des Quatre-Saisons,* le *bal du Veau-qui-Tette,* le *salon d'Apollon,* le *bal du Delta,* les *salons de Cellarius,* le *Pré-Catelan,* le *Ranelagh,* le *bal du Mont-Blanc,* le *bal de la Cane,* le *Vert-Galant,* au terre-plein du Pont-Neuf, toujours inondé pour calmer la chaleur des danseurs.

La maison où Marat fut assassiné par Charlotte Corday, cour du Commerce, rue Saint-André-des-Arts. *La maison du bourreau,* qui occupait le n° 5 de la rue Victor-Cousin, démolie pour la reconstruction de la Sorbonne.

Sainte-Foix, Sauval, Dulaure, Mercier ne mentionnent pas cette maison, qui pourtant a traversé les siècles, conservant sa tradition.

Un vieil usage voulait que *la maison du bourreau* fût toujours située à l'extrémité de la ville ; elle remplissait ces conditions, car l'enceinte de Philippe-Auguste était à deux pas.

Cette maison était une des plus remarquables de Paris par ses ornements en fer forgé : la porte était ornée, à la partie supérieure, de deux haches en fer d'un admirable travail ; à l'intersection se trouvait un médaillon semé de fleurs de lis, et, au beau milieu, un immense personnage conduisant un char rempli de condamnés allant au supplice.

Le square du Temple, en 1853, fit disparaître ce qui restait de l'ancienne commanderie des Templiers. Les historiens fournissent sur cette institution d'amples détails, il n'est pas nécessaire de les reproduire.

En 1848, après les journées de Février, il se forma une sorte de *garde urbaine* qui tint garnison dans les vieux bâtiments du Temple ; cette garde était bien la chose la plus étrange qu'on puisse imaginer, la plupart des soldats étaient vêtus d'une blouse bleue serrée à la ceinture par une écharpe de laine rouge, ils avaient au bras gauche un brassard tricolore, et étaient coiffés de képis, de casquettes, de chapeaux mous ou hauts de forme ; quant à la chaussure, savates éculées, souliers vernis, dépareillés, chaussons de lisières, sabots, bottes à l'écuyère, tout un fond de magasin de savetier complétaient le costume.

Tout ce monde fumait, buvait, jouait et couchait pêle-mêle dans les vastes salles sur des paillasses éventrées.

Ils montaient gravement la garde à la porte, tout en jurant de mourir pour la patrie et pour les citoyens Caussidière, Blanqui et Sobrier.

Comme dans tous les moments d'effervescence populaire, cette garde s'était recrutée dans les bas-fonds sociaux ; on lui avait donné des armes sans contrôle, préparant ainsi les fatales journées de Juin.

Vers 1815, les bâtiments en bordure de la rue du Temple, avaient été occupés par les religieuses de l'*Adoration perpétuelle du Saint-Sacrement*. Un décret du Gouvernement provisoire de la République, en date du 24 mars 1848, désaffecta le couvent qui fut occupé par la *garde urbaine*.

A chaque révolution, les prêtres et les religieuses ont le triste privilège d'attirer les fureurs de la foule, comme le paratonnerre attire la foudre.

Lorsque la garde urbaine eut pris la place des religieuses, tout ce qui avait appartenu à ces dernières, livres, meubles, instruments, fut flairé, retourné, palpé par les révolutionnaires qui essayaient de trouver dans ces choses si simples une interprétation odieuse.

En 1871, nous en avons eu un exemple avec les instruments orthopédiques trouvés chez les Dames de Picpus et avec les fameux cadavres de l'église Saint-Laurent.

Dans une des salles du Temple où les religieuses faisaient leurs dévotions, il me souvient avoir vu un fauteuil articulé qu'un des farouches montagnards montrait à la foule ameutée en racontant, sur l'usage de ce meuble, les choses les plus monstrueuses et les plus odieuses.

Il servait aux curés pour triompher des nonnes récalcitrantes !!

C'était simplement un fauteuil à l'usage de la supérieure impotente.

Le boniment terminé, « le frère » tendait la casquette en faisant le tour de la société pour les « détenus politiques » ; il n'y en avait plus, mais on n'y regardait pas de si près.

Le marchand de vin du coin de la rue de la Corderie fit presque fortune en exhibant le fameux fauteuil.

Ah ! si les voûtes avaient pu parler !

Si elles avaient pu nous raconter les scènes qui se passaient les soirs où la grande porte s'entrebâillait discrètement pour laisser passer les pensionnaires des maisons de tolérance qui venaient partager fraternellement la paille républicaine !

Aujourd'hui, en voyant jouer les enfants à l'ombre des grands arbres, et courir les allées, on ne songe plus que c'est de là que partirent Louis XVI pour l'échafaud et Louis XVII pour la fosse commune du cimetière Sainte-Marguerite.

La rue Montorgueil avait une physionomie particulière : sur l'emplacement de la rue Etienne-Marcel se trouvait le Parc-aux-Huîtres ; à cette époque les huîtres ne se vendaient pas par cent, mais bien par bourriche de douze douzaines ; l'huître portugaise était inconnue. Le dimanche, la rue Montorgueil présentait une animation extraordinaire : de tous les points les plus éloignés de Paris, les ouvriers accouraient en foule ; les plus petites bourses pouvaient s'offrir le luxe d'une douzaine d'huîtres, on les vendait quatre sous la douzaine !

Les marchandes accortes appelaient les acheteurs en leur faisant mille avances. — Approchez-vous donc, mon ami, on ne vous mangera pas. — Voulez-vous les goûter ? — On vous les vendrait vingt francs la bouchée que vous ne les auriez pas plus fraîches.

Les marchés se concluaient amicalement, et acheteurs et vendeurs allaient chez le plus proche marchand de vin siffler un petit vin blanc, et parfois il arrivait que les huîtres se trouvaient mangées devant le comptoir tandis que la ménagère attendait.

A quelques pas du Parc-aux-Huîtres, au coin de la rue Greneta, il existait, et existe encore, un restaurant qui porte pour enseigne : *Au Rocher de Cancale*. Il fut fondé par Philippe père, auquel son fils succéda; plus tard Pascal devint le chef de cette maison. Aujourd'hui, elle est dirigée par M. Pécune, qui continue la tradition.

Cette maison, qui eut une grande célébrité, avait pour principal client un abbé d'une force colossale qui a laissé au faubourg Saint-Antoine une réputation de viveur ; il était l'amant d'une hétaïre fort en vogue vers 1855 ; son curé le réprimandait souvent sur ses écarts. — Que voulez-vous, lui répondait-il, quand je serai là-haut, je ne mangerai pas de perdreaux !

Le restaurant Philippe n'était pas le vrai *Rocher de Cancale*. Vers 1787, le père Baleine ouvrit, rue Montorgueil au coin de la rue Mandar, un restaurant qui, à cause du voisinage du Parc-aux-Huîtres, s'intitula : *Au Rocher de Cancale;* là, se donnèrent les *dîners du Vaudeville*, les *dîners du Caveau moderne* et enfin quelques années plus tard les *soupers de Momus*; qui avaient lieu le 20 de chaque mois.

Parmi les convives des *dîners du Vaudeville* se trouvaient Radet et Desfontaines, qui furent emprisonnés comme suspects ; Baire, pour obtenir la liberté de ses collaborateurs et prouver qu'ils n'étaient ni des « contre-révolutionnaires » ni des

« cagots » leur commanda un vaudeville républicain et anticlérical : *Au Retour*, qu'il représenta à la hâte : on y trouve ce couplet :

>Sans le s'cours de la soutane
>Et, comm'nous, coiffé, vêtu.
>Il r'mettra celui qui s'damne
>Dans l'chemin de la vertu.
>Il prêch'ra l's'enfants d'autrui,
>Puis le soir, en bon mari,
>Il en f'ra qui s'ront à lui.

La Commune de Paris, enthousiasmée de ce vaudeville, ordonna qu'une mention civique en serait faite aux auteurs. Radet et Desfontaines encore en prison, remercièrent la Commune par une chanson sur l'air : *on doit cinquante mille francs*, en voici le dernier couplet :

>Pour nous encor, la vérité
>N'éclaire pas l'autorité :
>C'est ce qui nous désole.
>Mais, en attendant ce beau jour,
>Vous applaudissez *Au Retour*
>C'est ce qui nous console.

Les deux vaudevillistes furent immédiatement mis en liberté, et un grand dîner fut donné en l'honneur de leur libération. Au père Baleine succéda Borel, ancien maître d'hôtel de Charles X. Sa clientèle était exclusivement composée de gens de la cour qui y venaient, en compagnie de grandes dames, savourer en cabinet particulier les poulardes demi-dorées et la tête de veau tortue ; ce n'était pas la cuisine à la vapeur de nos jours, où on improvise un dîner en deux heures ; le cuisinier réfléchissait à son menu des journées entières, et le sommelier vous servait de vrai vin, du vin semblable à celui qui fit la réputation du *Cabaret de la côte de Beaune*.

Ce cabaret, situé rue Pierre-au-Lard, une ruelle infecte, plus encore que les rues Mondétour et Pirouette, était renommé pour ses huîtres d'Ostende et son vin blanc sec bourguignon ; il s'y passa en 1722 une scène des plus originales.

Les héros de la scène étaient : Piron, Voltaire, Rameau et Francisque, entrepreneur de spectacles.

Ce jour-là, l'auteur futur de la *Métromanie* avait fait représenter au théâtre de la foire Saint-Laurent : *Arlequin-Deucalion,* opéra-comique, monologue en trois actes, en collaboration avec Rameau.

La pièce était accueillie avec succès, quand un sifflet vigoureux, parti des premières loges, souleva une tempête de protestations.

Piron, qui assistait à la première représentation de son œuvre, placé au parterre, apostropha violemment l'interrupteur, dont la clarté douteuse des quinquets de la salle ne lui permit pas de distinguer les traits.

Puis les deux champions sortirent et se reconnurent. Le siffleur était Voltaire !

La discussion reprit de plus belle dans la rue et

eut bientôt deux témoins, Rameau et Francisque, directeur du théâtre.

Celui-ci, pour apaiser la querelle des deux rivaux, cria à Piron : « Bravo, Alexis, bravo ! Je vous achète votre *Arlequin* 600 livres, » et lui présentant une bourse pleine de pistoles, il ajouta : « Voici un acompte ! »

« — 600 livres ! Francisque, 600 livres ! mais me voilà riche, et je ne serai plus un copiste à deux sous chez un procureur. »

Et, se tournant vers son agresseur : « Voltaire, dit Piron, voici ma main, et, pour remettre la paix entre nous, je t'offre une bourriche d'huîtres au *Cabaret de la côte de Beaune.* »

Rameau et Francisque, invités au souper, accompagnèrent les deux rivaux.

Avant sa démolition, ce cabaret, jadis célèbre, servait d'entrepôt à un préparateur de colimaçons.

XIII

La Fontaine des Innocents. — Les Déserteurs. — Le Restaurant des Pieds-Humides. — La Mère Bidoche. — Le Petit-Manteau-Bleu. — Brébant. — Frascati — Le Cercle des Arts-Libéraux. — Le Frascati du Directoire. — L'Aquarium.

Avant les Halles-Centrales, les halles étaient installées à divers endroits, mais les principales se trouvaient à la place du square des Innocents et formaient un carré dont la fontaine était le centre; les marchandes étaient abritées tant bien que mal sous des auvents en bois, en bordure de la rue de la Ferronnerie; dans le milieu, elles se groupaient et s'abritaient suivant leur fantaisie; la plupart avaient choisi d'immenses parapluies de calicot, vert, rouge, tricolore, et qui formaient un assemblage des plus curieux et pittoresque au possible. Les marchandes n'étaient pas policées comme nous les voyons aujourd'hui ; elles engueulaient les acheteurs pour un rien. Malheur aux râleuses : c'étaient les poissonnières qui avaient conservé les traditions du catéchisme poissard ; deux mots suffisent pour les peindre : gueulardes et bon cœur.

Jamais on ne fit en vain appel à leur charité.

Aujourd'hui, les soldats qui désertent le drapeau sont conduits à la prison du Cherche-Midi ou aux gares de chemins de fer dans des voitures cellulaires.

Autrefois, il n'en était pas ainsi ; ils subissaient l'humiliation de traverser Paris les menottes aux mains, entre deux gendarmes à cheval. La foule se pressait sur leur passage, les mères les montraient du doigt à leurs enfants : « Voilà la punition des lâches, disaient-elles ; que ce spectacle vous serve d'exemple. »

Par une coutume dont l'origine est inconnue, chaque fois que des gendarmes avaient à conduire un déserteur, ils le faisaient passer à la halle et s'arrêtaient dans le milieu de la rue de la Ferronnerie. Aussitôt, une marchande accourait, s'emparait du bonnet de police ou du képi du malheureux et courait de place en place quêter ; la récolte était abondante. J'en ai vu souvent pleurer en versant le produit de la quête dans la poche du prisonnier. Une seconde plus tard, elle s'essuyait les yeux et agonisait sa voisine.

Au pied même de la fontaine des Innocents, il

existait un *restaurant* qu'on avait baptisé : *Restaurant* des Piéds-Humides.

Ah ! il était admirablement nommé, et la foule des misérables, ses parrains, en savaient quelque chose, quand ils mangeaient la soupe les pieds dans la boue, assis sur des tas d'immondices ou sur la margelle de la fontaine, quand la pluie tombait à torrents dans son assiette : « Cela allonge le bouillon, disaient-ils philosophiquement ; mais cela ne lui donne pas d'yeux ! »

Pour deux sous, la mère Bidoche donnait une portion de haricots, d'oseille, de pois cassés ou d'épinards. La soupe coûtait un sou ; les riches, pour trois sous, pouvaient s'offrir un bœuf entrelardé ou un ragoût de mouton. Quant au vin, il était gratis ; la fontaine des Innocents ne tarissait jamais !

C'était un type que la mère Bidoche. Ancienne cantinière, elle avait conservé de son existence au régiment des habitudes militaires. Elle avait horreur de la carotte et ne l'admettait que dans la soupe. Pas d'œil, disait-elle, il est crevé ; ce qui ne l'empêchait pas, lorsqu'elle voyait rôder autour de ses marmites un pauvre vieux qui mangeait des yeux le bœuf qui mijotait, de lui faire signe et de lui donner discrètement une portion. — C'est dégoûtant, disait-elle, j'peux pas voir queuqu'un avoir faim.

Elle avait cela de commun avec *l'homme au petit*

manteau bleu. Ce dernier, régulièrement, venait vers les dix heures du matin ; il était généralement attendu par une nuée d'affamés qui, à son arrivée, s'écartaient respectueusement ; il les comptait, puis, sans dire un mot, payait à la mère Bidoche autant de portions qu'il y avait d'hommes ; il se reculait de quelques pas, et quand ses invités avaient terminé leurs repas, il s'en allait trottinant, en souriant.

Le *Restaurant des pieds humides* a disparu depuis 1866, et le *Petit manteau bleu,* dont le vrai nom était Edme Champion, mourut en 1852.

Brébant a continué la tradition de cet homme bienfaisant. On peut voir en hiver, tous les matins, vers neuf heures, une queue immense de malheureux qui viennent de toutes les carrières qui leur servent de refuges, stationner à sa porte attendant la bienheureuse soupe.

Une particularité, tous attendent dans le plus parfait silence, et pendant la distribution, jamais une querelle, jamais une bousculade, chacun est à son rang.

Frascati a vécu, c'était anciennement un magasin de nouveautés ; les magasins furent transformés en une salle de bal, l'orchestre était sous la direction d'Arban ; ces bals eurent peu de succès. Des concerts furent alors organisés, Litolff y fit exécuter, sous sa direction, son ouverture : *Le Dernier Jour de la Terreur.*

Il avait intercalé dans cette ouverture huit mesures de la *Marseillaise*. Un soir, à la dix-septième audition, l'orchestre arrivait à peine aux réminiscences du chant révolutionnaire, que des coups de sifflet vigoureux partirent à la fois des fauteuils réservés. Aussitôt une immense clameur s'éleva de tous les points de la salle et trois cents personnes crièrent à la fois : « Tuez-les ! tuez les ! ». La force armée dut intervenir pour rétablir l'ordre ; mais les concerts avaient vécu.

Frascati fut alors loué à une société qui y installa une maison de jeu sous ce titre : *Cercle des Arts libéraux*. Personne ne saura jamais pourquoi ce titre fut choisi ; le cercle fut fermé vers la fin de 1884.

L'autre *Frascati*, le vrai, était situé presque en face, au n° 112 de la rue Richelieu ; il avait été installé dans l'hôtel Lecoulteux. Dans cet hôtel, en 1793, demeurait Lavoisier. Prévenu par des amis qu'il allait être arrêté, il se réfugia rue Férou, n° 9, mais sa retraite fut découverte. Il fut condamné et exécuté le 8 mai 1794.

Le jardin *Frascati* fut longtemps le plus célèbre café de l'Europe. Il fut fondé sous le Directoire par le Napolitain Garchi.

Une magnifique terrasse s'étendait sur le boulevard jusqu'à l'hôtel de Montmorency (aujourd'hui passage des Panoramas).

Perrin, qui tenait une banque au n° 110, y remplaça Garchi après avoir gagné seize millions. Perrin céda la place à Bernard, auquel succéda le marquis de Chalabre. Enfin Boursault, qu'il ne faut pas confondre avec l'auteur du *Mercure galant,* fut l'avant-dernier directeur ; le dernier fut M. Benazet, le créateur des jeux de Baden-Baden.

Frascati n'était pas une maison de jeu ouverte à tout venant; on y était d'une sévérité extrême pour la tenue et les manières.

Le jeu commençait à quatre heures du soir et se terminait à deux heures du matin. C'était la seule maison de ce genre ouverte aux femmes galantes.

Plusieurs d'entre elles, les plus à la mode, étaient aux gages de M. Benazet et servaient d'appâts pour attirer les étrangers qui, de cette manière, étaient assurés de perdre leur argent.

Le *Frascati* fut démoli en 1857 et sur son emplacement ont été construites les maisons que nous voyons aujourd'hui.

Dans celle qui fait l'angle, en 1865, furent les bureaux du *Petit Journal.* Le père Millaud y fit ensuite installer un *aquarium,* mais cette exhibition ne réussit pas.

Une particularité assez curieuse. En 1859, Moïse Millaud fit représenter au Palais-Royal un vaudeville devenu célèbre : *Ma Nièce et mon Ours.* Il le signa du nom de *Frascati,* et, quatre ans plus tard, ce fut *Frascati* qui vit son grand succès.

Dans un autre volume qui suivra *Paris oublié*

nous consacrerons une partie spéciale, sous ce titre : *Feuilles mortes*, à l'étude des journaux disparus depuis trente ans. Nos lecteurs trouveront là une mine intéressante de souvenirs et d'anecdotes très curieuses sur les commencements de la plupart des journalistes célèbres aujourd'hui, et sur l'existence intime des feuilles qui peignent une époque. Nous essayerons de ne rien *oublier*, depuis la *Presse*, qui servit de tremplin à Emile de Girardin, jusqu'au *Hanneton*, journal des toqués, qui fit la gloire du fameux Le Guillois.

XIV

La Prison des Madelonnettes. — Charles de Brancas. — Le Mouchoir révélateur. — Une Oubliette. — Le Théâtre Saint-Pierre. — Le Père Dechaume. — Bric-à-Brac et Directeur. — Les Folies-Montholon. — Le Père Hyacinthe. — Le Curé limonadier. — Le Père Coluche. — Quand vous seriez le petit Caporal, on ne passe pas. — Les Boulevards extérieurs en 1860. — Le Camp de la Loupe. — Le Raphaël de la Chopinette. — Soulouque et ses Grenadiers. — L'Auvergnat et les boites à Sardines. — Au rendez-vous des Briards. — Auguste Luchet et l'auteur de M. Mayeux. — Bréant le Chansonnier. — La Guillotine pour les Chiens. — Le Journal l'*Ours* et le Pan de Chemise. — Le Sacrifice d'Abraham. — Charles Gilles. — L'Imitateur de Déjazet. — Le Café de France. — Darcier et le Joueur de Hautbois. — Dumanet et Pitou. — Javal et sa Caissière. — Bonne Nouvelle. — Véra et Dada. — Le Professeur de Langues. — Voilà l'plaisir, Mesdames. — La salle Chantereine.

En 1866, pour le percement de la rue de Turbigo, la prison des MADELONNETTES, située rue des Fontaines, 12, fut démolie.

Cette prison était autrefois le couvent de la Madeleine.

Voici à quelle occasion il fut fondé.

En 1618, Robert Montré, suivant les uns, Robert de Montrey, suivant les autres, riche marchand de vins de Paris, rencontra deux filles publiques, qui lui témoignèrent le désir de quitter leur vie de honte et de scandale pour mener une vie régulière ; il leur donna asile dans sa maison, près du carrefour de la Croix-Rouge.

Il parla de ce fait à trois personnes bienfaisantes, au curé de Saint-Nicolas-des-Champs, à un capucin et à un officier des gardes du roi ; la marquise de Maignelay, sœur du cardinal de Gondi, se joignit à eux ; elle acheta en 1620 le couvent de la Madeleine, rue des Fontaines, et légua pour l'entretien des filles repenties la somme de 101.600 livres.

Le couvent fut supprimé en 1790 et devint propriété nationale ; naturellement, en 1793, il fut converti en prison pour les femmes prévenues ; cette destination lui fut conservée jusqu'en 1830.

Parmi les religieuses célèbres qui prirent le voile dans cette maison se trouvaient les deux demoiselles de Brancas, qui y moururent en 1697.

Lorsque les ouvriers terrassiers fouillèrent le sol, ils déterrèrent deux cercueils de plomb, parfaitement conservés.

L'un d'eux ne portait ni emblèmes, ni caractères

gravés; sur l'autre on lisait très distinctement l'inscription suivante :

Ici est le corps de très haute et puissante dame, Madame Suzanne Garnier, veuve de très haut et très puissant seigneur messire Charles de Brancas, comte de Villars, chevalier d'honneur de la feue reine, mère du roi Louis XIV, lieutenant général des camps et armées de Sa Majesté. Au jour de son décès, âgé de LIX ans IX mois, décédée le 11° jour de novembre 1685, à 8 heures du soir. — *Requiescat in pace.*

Charles de Brancas, comte de Villars, marquis de Maubecq et d'Arpilly, chevalier d'honneur de la reine Anne d'Autriche et lieutenant général des armées du roi, appartenait à cette illustre maison de Brancas, originaire de la terre de Naples et dont le premier ancêtre Brancassius, patricien de la plus haute naissance, fut, au dire d'Alain Marquesius, baptisé par saint Pierre.

Il était fils de Georges de Brancas, duc de Villars et baron d'Oise, et de Julienne d'Estrées, fille du marquis de Cœuvres et de Françoise Babou de la Bourdaisière, et par conséquent sœur de la belle Gabrielle d'Estrées.

C'est ce même comte de Brancas-Villars, dont il est si souvent parlé dans les *Lettres* de la marquise de Sévigné.

Charles de Brancas mourut en 1681, à l'âge de soixante-trois ans; le cercueil sans inscription, trouvé près de celui de sa femme, morte en 1685, était donc le sien.

Le fait de deux cercueils trouvés côte à côte, l'un, celui d'une femme avec son inscription, et l'autre sans inscription, n'était pas sans précédent.

En 1861, en déblayant l'emplacement du boulevard Malesherbes, on déterra en même temps le cercueil d'une comtesse de Choiseul-Beaupré et un autre cercueil privé de toute indication : c'était celui de son mari.

N'eût-on pas bien étonné Mme de Sévigné en lui disant que les restes du comte de Brancas-Villars seraient remis au jour, cent quatre-vingts ans après sa mort par des égoutiers, dans un temps où n'existerait plus un seul Brancas !...

Après 1830, les jeunes détenus vinrent aux Madelonnettes.

Vers 1836, alors que la Force regorgeait de prisonniers, on y introduisit des voleurs.

Dans le volume des procès-verbaux du conseil général de la Seine, session ordinaire de 1855, on lit ceci :

> Quant à la prison des Madelonnettes, elle devra être démolie pour le percement de la grande voie de communication, qui, de la rue du Temple, se dirigera vers les Halles. La ville devra au département une indemnité pour la cession de cet immeuble, mais avant d'en faire emploi, il y aura lieu d'examiner s'il n'est pas possible de verser la population des Madelonnettes dans la prison de la Roquette, ce que je crois très praticable.

Parmi les prisonniers qui furent détenus pendant la révolution de 1793, on cite l'auteur du *Voyage du jeune Anacharsis,* Fleurieux, ex-ministre de la marine, Crosne, ancien lieutenant de police, le général Lanoüe, Saint-Prix, Van Hove, Dupont, d'Azincourt, de la Comédie française, et Fréville, membre de l'Institut.

Les guillotinades de la Révolution faussèrent la cervelle de ce pauvre Fréville; dans sa folie il se croyait condamné à mort par les législateurs du jour.

— J'arrivai au pied de l'échafaud, racontait-il, les mains liées derrière le dos.

— Où vas-tu? me demanda le bourreau.

— Vous le voyez, mais c'est une cruauté de.....

— Pas de paroles inutiles! Où vas-tu?

— Rejoindre mes compagnons d'infortune, prier au ciel pour ma famille.....

— Tout ça, c'est bel et bon, mais on ne passe pas.

— Comment!

— Sans doute, on ne passe pas!..... As-tu ton numéro?

— Mon numéro?

— Mais oui, ton numéro : est-il entêté!.....

Qui nous a f..... un condamné comme celui-là?.....

Tu crois donc qu'on se fait guillotiner comme ça, toi?

Voyons ton numéro?

— Pardon, monsieur, je..... j'ignorais l'usage.....
Je n'ai pas de numéro.....

— Cherche.

— C'est bientôt dit : Cherche..... Mais.....

— Va-t'en chercher ton numéro..... Hum ! f.....
bêta, qui vient se faire couper le cou sans avoir
son numéro !.....

Cette prison avait un aspect aussi triste à l'intérieur qu'à l'extérieur. La rue des Fontaines était une rue étroite, un ruisseau coulait dans le milieu ; les eaux sales, grasses, puantes, se répandaient dans les interstices des pavés et formaient des cloaques fétides.

On entrait dans la prison par une porte massive, en chêne, solidement soutenue par deux énormes piliers en pierre de taille, la porte cochère était en retrait de la rue et formait une sorte de quart de cercle. De chaque côté il y avait deux bancs de pierre, sur lesquels s'asseyaient les pauvres ou les amis des prisonniers, les jours consacrés à la visite.

La grande porte ne s'ouvrait que pour laisser entrer ou sortir le *panier à salade,* à gauche se trouvait une porte basse munie d'un judas et derrière laquelle se tenait un guichetier.

Une fois cette porte franchie on se trouvait dans la cour des prévenus, la seule pavée, elle était encadrée sur toutes les faces par des bâtiments élevés, qui portaient leur caractère d'origine, le dix-septième siècle ; les pierres de taille se détachaient sur un fond de briques brunies et écaillées par le temps. L'encadrement était complété par un mur de vingt pieds de hauteur.

Au rez-de-chaussée du bâtiment, mais de deux côtés seulement, régnaient des arcades semblables à celles de la place Royale, où les prisonniers se réfugiaient quand il pleuvait.

Le milieu de la cour était occupé par une fontaine à réservoir supérieur, dont l'eau retombait dans une large vasque. Autour de cette fontaine quelques maigres arbustes, jaunes, étiques, végétaient misérablement.

Les Madelonnettes étaient la prison la plus insalubre de Paris; en revanche, elle était toujours la plus pleine. Des prisonniers se plaignaient au commissaire Marino de manquer d'air.

— Patience, mes amis, leur répondait-il, vous serez bientôt dans de vastes prisons. Ici, vous êtes dans l'antichambre.

Paroles de paix et de consolation.

Cette cour servait de préau; là, se réunissaient les prévenus qui pouvaient jouer ou se promener pendant quelques heures sous la surveillance des gardiens.

Un jour, une fille, nommée Jeannette, fut trouvée assassinée dans la rue Maubuée. Cet assassinat fit grand bruit, on arrêta deux jeunes gens qui avaient été ses amants à différentes époques.

Ils furent écroués aux Madelonnettes.

C'étaient les deux frères, deux garçons très honnêtes, ils étaient très affectés de l'accusation qui pesait sur eux et avaient une peur effroyable de la justice ; ils se réfugiaient dans l'un des coins du préau, fuyant les autres prisonniers, en proie à des appréhensions terribles, ils attendaient le jour de leur jugement.

Le juge d'instruction avait réuni contre eux un ensemble de preuves capables d'effrayer les plus endurcis, bien qu'ils affirmassent énergiquement leur innocence.

L'un des jeux les plus en vogue dans les prisons est le colin-maillard ; seulement il existe une coutume singulière, celui qui l'*est* doit fournir le mouchoir qui lui bande les yeux : la raison est que celui qui prêterait le sien aux autres ne serait pas certain de le retrouver après la partie.

On les convia à jouer, ils acceptèrent.

Après avoir joué un certain temps, ce fut au tour d'un des détenus, nommé Michel Taton, d'être le patient.

Michel tira son mouchoir de sa poche et se l'appliqua sur les yeux.

Tout à coup, l'un des deux frères saisit le bras de l'autre.

— Regarde, dit-il, c'est le mouchoir de la Jeannette !

— Oui, répondit le frère épouvanté ; c'est l'assassin.

Les prisonniers rentrèrent; aussitôt les deux frères racontèrent leur découverte au gardien; celui-ci prévint le directeur de la prison. Michel fut interrogé et finit par convenir qu'il était l'assassin.

On fut longtemps à ne plus jouer à colin-maillard aux Madelonnettes, ce qui prouve que plus d'un redoutait le mouchoir révélateur.

La prison en elle-même n'avait rien de remarquable, mais les souterrains qui avaient été transformés en caves présentaient un aspect étrange, épouvantable.

Ils se trouvaient à gauche de la prison ; une petite grille, faite de gros barreaux de fer carrés, y donnait accès; on descendait cinq marches seulement, mais le sol était très en pente; un couloir sombre, d'une longueur de cinquante mètres environ y conduisait; au bout, la hauteur du souterrain était de dix mètres environ.

Au milieu du couloir à gauche, il y avait un petit bénitier scellé dans la muraille.

Ce couloir franchi, on trouvait à droite et à gauche une vaste crypte circulaire qui servait de lieu de sépulture aux religieux de l'ancien couvent; vers 1860 on en retira cinquante tombereaux d'ossements.

A la droite de la crypte, il y avait un énorme pilier qui, de prime abord, ressemblait aux autres; il avait environ six mètres de hauteur du sol; en l'examinant attentivement on découvrait une petite porte dissimulée dans le pilier; elle s'ouvrait au moyen d'un ressort caché, et laissait voir un puits d'environ dix mètres de profondeur.

Le pilier était creusé dans toute sa hauteur.

Ce puits avait dû être très profond dans l'origine, car à l'époque où la prison fut démolie, il contenait encore beaucoup d'eau; sur la gauche du pilier se trouvait une sorte de sépulcre en pierre, haut de un mètre vingt centimètres et large de quarante; il n'avait d'autre ouverture que sur le puits; au-dessous, on avait disposé un foyer. La pierre qui se trouvait en contact avec le feu était fendillée et brisée en plus de mille endroits.

Aucun historien ne fait mention de cette oubliette. Dulaure parle bien d'un *in pace*, mais il le place à l'ancien couvent des capucins, rue Saint-Honoré; d'ailleurs il n'était pas construit de la même façon que celui de la rue des Fontaines.

Cet *in pace* servait à enfermer les religieuses condamnées à mourir; dans ce sépulcre, une fois refermé sur la victime, le feu était allumé au-dessous, et la malheureuse n'avait d'autre alternative que de se laisser étouffer lentement ou de se noyer.

La patiente, accroupie, essayait vainement de briser son tombeau. La pierre avait gardé la trace des efforts multipliés, surhumains, qu'avaient dû faire les victimes pour se soustraire à cet odieux supplice.

Une poulie était fixée au centre du pilier, elle

était munie d'une corde qui soutenait un crochet au moyen duquel les corps étaient retirés de l'eau, puis enterrés ensuite dans la crypte.

Bien peu de personnes purent voir cette oubliette, car, lors de la démolition, des ordres très sévères avaient été donnés.

C'est un tableau que je n'oublierai jamais.

Passons à un théâtre plus gai, au Théatre Saint-Pierre.

Il était situé dans le passage de ce nom, boulevard Voltaire, et est occupé aujourd'hui par une fabrique de bronze.

Son dernier directeur fut le père Dechaume, comme on l'appelait familièrement.

Marc Fournier fut le directeur artiste; Sari, le directeur fantaisiste; Billion, le directeur sordide; le père Dechaume fut le directeur bric-à-brac.

C'était un type particulier, essentiellement parisien; il exerça une foule de métiers, car à peine s'il savait lire, mais il remplaçait l'instruction absente par une forte dose de bon sens et une activité considérable; il débuta comme marchand de programmes sur le boulevard du Temple, il fut ensuite élevé à la dignité d'aboyeur; il avait un talent tout spécial pour amorcer la foule; il fut le précurseur de l'*Homme sommaire;* il rêva alors d'être directeur : il le fut avec un certain succès.

A force d'économie, de privations, il amassa un petit capital; il avait fait la connaissance de Debureau et s'était lié intimement avec lui. Tous deux s'associèrent pour acheter une maison, de laquelle ils firent un hôtel garni ; mais Dechaume heureux n'était pas satisfait ; il avait l'ambition de diriger l'un des deux théâtres devant lesquels il avait crié si longtemps sous la neige ou la pluie : — Demandez le programme, le compte rendu de la pièce, le nom des acteurs.

Son ambition se réalisa ; il devint en 1860 directeur des *Funambules* ; il y resta jusqu'à sa démolition.

Le *théâtre Saint-Pierre* était vacant. Plusieurs directeurs s'y étaient ruinés ; il avait la guigne, d'ailleurs. Pour y arriver, il fallait vraiment avoir l'envie d'aller au spectacle. Le passage dans lequel il était situé était un étroit couloir, sombre, boueux, à peine éclairé ; il fallait savoir, ou plutôt deviner qu'il y avait là un théâtre. Il est vrai qu'à chaque bout du passage il existait une lanterne comme celles des hôtels garnis, qui l'indiquait ; mais il fallait savoir qu'il y avait là une lanterne, car elle était si mal éclairée qu'il était impossible de déchiffrer l'inscription.

Le père Dechaume, que rien n'effrayait, loua la salle. Il commença par y faire jouer le drame. Voyant que le public n'affluait pas, se rappelant qu'il avait eu aux *Funambules* de grands succès avec les revues de fin d'année, il appela à lui des jeunes auteurs : Monréal, Blondeau, Lemonnier, etc., qui devinrent ses fournisseurs attitrés,

Les revues : *Asseyez-vous dessus,* — *Tout Paris la verra,* — *Faut nous payer ça,* furent jouées cent à cent cinquante fois, ce qui était considérable pour l'époque. Le public avait appris le chemin du *théâtre Saint-Pierre* et le père Dechaume avait fixé la veine.

Parmi les artistes qui concoururent à son succès, le père Forestier tenait la corde ; c'était, avec Oscar, des *Délassements,* un des meilleurs compères de revues qu'on ait applaudi, depuis que ce genre avait pris rang ; venaient en seconde ligne : Gilbert et Nérée, et enfin Mᵐᵉ Virginie Rolland.

Le père Dechaume avait rêvé de mettre en pratique les utopies de Considérant. Il créa une sorte de phalanstère ; il nourrissait et habillait ses artistes. Pour eux, il s'improvisa marchand de vins, logeur, cordonnier et tailleur. Chaque matin il se rendait au carreau du Temple ; là, il achetait aux marchands d'habits toutes les défroques imaginables ; il les faisait retaper, dégraisser, ajuster à la taille de chacun. Comme ils sont bien mis, disait-il avec orgueil ; on dirait que Renard les habille !

Il ne bornait pas là ses munificences. A chaque centième, il donnait un banquet, offrait une robe à chacune de ses actrices ; il donnait une gratification aux acteurs et un cadeau aux auteurs, généralement une pendule, afin qu'ils fussent exacts aux répétitions.

Le père Dechaume aimait les jeunes, et il n'eut qu'à s'en féliciter, puisqu'ils firent sa fortune.

Se trouvant trop à l'étroit au *théâtre Saint-Pierre*, il acheta le bail du *théâtre Déjazet*. Malgré des efforts prodigieux, il ne réussit pas ; de plus, il dut plaider avec la veuve de Debureau ; en peu de temps il fut ruiné.

Le père Dechaume, vieux, fatigué, renonça au théâtre ; il s'établit bric-à-brac dans une petite boutique, boulevard Saint-Germain. Ce fut là qu'il mourut, en 1885, oublié de tous.

En 1879, on lisait dans tous les journaux : — « Dimanche prochain, 9 février, à quatre heures, aura lieu l'inauguration de la nouvelle église gallicane, fondée par l'abbé Loyson, ex-père Hyacinthe, rue Rochechouart, 7. »

Mais c'est aux FOLIES-MONTHOLON, disait-on ; cela est impossible, jamais le père Hyacinthe n'aurait osé choisir une ancienne salle de spectacle pour la transformer en église ; toutes les prières du monde seraient insuffisantes pour purifier le sanctuaire, où l'image de Dieu va succéder au grand écart de Clara-la-Balocheuse, et les chants sacrés à la *Langouste atmosphérique*.

Cela était pourtant vrai ; à Montrouge succédait l'abbé Loyson.

Les *Folies-Montholon* étaient situées au fond d'une cour ; la salle n'avait rien de remarquable. Comme bien on pense, le père Hyacinthe avait fait disparaître tout ce qui pouvait rappeler son ancienne destination.

A la place où figuraient les affiches annonçant le spectacle, il avait fait placer l'heure des offices ; sur la façade, au faîte, une croix en carton-pâte avait été posée ; au-dessous, on lisait l'inscription suivante : *Eglise catholique gallicane.*

L'entrée n'avait pas été changée. Pour pénétrer dans le temple-spectacle, il fallait ouvrir une grande porte vitrée : celle où se trouvait jadis le contrôle, puis traverser deux couloirs entre lesquels se trouvait l'autel ; à côté était la chaire, soutenue par un seul pilier et séparée de l'autel par une balustrade en bois découpé, comme il en existe dans les brasseries dites alsaciennes.

Les murs étaient blanchis à la chaux, et l'intervalle des colonnes, dans les galeries, était rempli par une toile peinte qui simulait des colonnettes en marbre.

La voûte se composait de trois parties : un vitrage, une partie plafonnée peinte en bleu de ciel, l'autre partie qui dominait l'autel peinte en bleu foncé constellée d'étoiles en papier doré.

Comme sièges, quelques banquettes et des chaises de paille semblables à celles de nos jardins publics.

On se serait cru absolument dans une baraque de foire.

C'était d'ailleurs l'opinion formulée, dans une

lettre datée du 2 janvier, par l'archevêque de Paris, Mgr Guibert, qui répondait au père Hyacinthe à l'invitation qu'il lui avait adressée d'assister à *la première*. Voici le passage :

....

« Autour de votre tribune schismatique, on verra quelques personnes sans croyance attirées par la curiosité ; on n'y verra point de disciples ; votre secte ne fera point d'adeptes ; vous n'atteindrez même pas à la fortune de l'Eglise française de Chatel, qui, après un certain nombre de réunions qui ressemblaient à des *représentations de théâtre*, disparut sous l'indifférence et le mépris.

» Et quel lieu avez-vous choisi pour y dresser votre chaire d'erreur ? »

Comme il y avait loin des *Folies-Montholon* à Notre-Dame ?

Malgré le talent du prédicateur, les auditeurs redoutaient à chaque instant d'entendre retentir les fameux cris : Location de lorgnettes ! Orgeat, limonade, bière !

Qui disait donc que notre République n'était qu'un pastiche servile de la première ? C'était une calomnie ; car, en 1793, on transformait les églises en salles de spectacle, celle de Saint-Barthélemy, par exemple, en *Théâtre de la Cité ;* tandis que, au contraire, nous transformions les théâtres en églises.

Le père Hyacinthe aurait pu nous inonder d'eau bénite que jamais le conseil municipal de Paris n'eût songé à imiter le conseil de 1792.

Après la fermeture des églises, un père Hyacinthe quelconque voyant que l'eau bénite était rare et recherchée, s'avisa d'en distribuer dans son quartier.

Dénoncé à la municipalité, il fut décrété d'accusation.

Mais les conseillers ne virent dans cette distribution qu'un commerce comme un autre pouvant tourner au profit des contributions. Ils forcèrent le ci-devant curé à prendre une patente de *limonadier*.

On voit d'ici le père Hyacinthe, bedonnant, avec sa face de Silène, circulant majestueusement autour de ses banquettes et criant : Jules, voyez, un bock à l'as !

L'église mourut faute de clients ; aujourd'hui, c'est une imprimerie qui occupe le local.

Vers 1860, on rencontrait tous les jours à la même heure, dans le jardin du Luxembourg, assis sur un banc, un grand vieillard alerte, toujours entouré d'enfants qui jouaient dans ses jambes ; à l'un, il lançait sa balle ; à l'autre, il faisait rouler son cerceau ; parfois il en alignait trois ou quatre sur un rang et les faisait marcher au pas.

Vers 1865, il disparut du jardin, et huit jours après il était oublié.

Il mourut en 1867 aux environs de Provins.

Qui ne se souvient de l'histoire du conscrit croisant sa baïonnette contre son empereur, qu'il ne connaît pas? On en fit un type populaire, dont la légende a presque fait un héros.

Les imagiers d'Epinal et les faïenciers de Montereau reproduisirent cet épisode sous toutes les formes : il fit longtemps l'admiration du laboureur et du soldat ; on le voyait collé aux murailles dans les cabanes des moindres villages, dans les chaumières les plus pauvres, et dans toutes les échoppes de savetiers.

Ce conscrit se nommait *Jean Coluche,* c'était le vieillard du Luxembourg. Il était né le 10 mars 1780, à Gastins, canton de Nangis. Il entra au service comme conscrit de l'an IX au 17e régiment d'infanterie légère, avec lequel il fit toutes les campagnes de Prusse, d'Autriche, d'Espagne, de Portugal, de France en 1814, de Belgique en 1815.

Il assista aux batailles d'Iéna, d'Eylau, de Varsovie, d'Essling, de Wagram, d'Arcis-sur-Aube, — où il fut grièvement blessé d'un coup de feu à la tête, — et, enfin, à celles de Ligny et de Waterloo.

En 1809, après le combat sanglant d'Eberberg, sur le Braun, Coluche fut placé en faction devant la maison que l'Empereur occupait, avec la consigne absolue de ne laisser pénétrer personne.

Vers le soir, lorsque Napoléon se présenta pour entrer, Coluche l'accueillit par un énergique :

— On ne passe pas !

Et voyant que l'obstiné ne tenait aucun compte

de son avertissement, il ajouta encore plus énergiquement :

— Si tu fais un pas de plus, je te plante ma baïonnette dans le ventre !

Quand même tu serais le Petit-Caporal, on ne passe pas !

Il fallut l'intervention des officiers de l'état-major général pour lui faire entendre raison.

Quelques instants après, l'opiniâtre factionnaire était appelé devant Napoléon, qui lui dit ces seuls mots :

— Tu peux mettre un ruban à ta boutonnière ; je te donne la croix.

Avant la démolition des barrières de Paris, les boulevards extérieurs, qui étaient sa banlieue, étaient bordés de marchands de vin, de guinguettes, de marchands de victuailles de toutes natures. Pour attirer la clientèle, de la barrière du Trône à celle de Clichy, ces industriels avaient fait peindre des enseignes plus réjouissantes les unes que les autres. Celui dont la spécialité était le bœuf à la mode, avait au-dessus de sa porte un splendide bœuf couronné de roses, les cornes dorées et enguirlandées de rubans ; à côté, un cordonnier avait fait peindre sur son volet une oie gigantesque perchée sur un monceau de savates, ce qui voulait dire : *Prenez mes souliers et laissez là monnoie !*

A la barrière des Amandiers, un marchand de

vin dont le jardin avait vue sur le cimetière du Père-Lachaise, avait pris pour enseigne : *On est mieux ici qu'en face;* les dimanches et lundis, sa clientèle le lui prouvait en buvant des lacs de vin bleu.

Au coin de la rue des Montagnes, un bonhomme avait loué un terrain vague; il avait fait planter des pieux sur lesquels il avait cloué des planches à bateaux; il avait planté du gazon dans l'intervalle des tables, afin que les buveurs pussent cuver leur vin à l'aise; puis, à la barrière en planches qui servait de porte, il avait barbouillé ces mots : *Au camp de la loupe,* tenu par *Faignant.*

Il faut croire que les *loupeurs* étaient nombreux, car il gagna un joli pécule.

L'auteur de la plupart de ces enseignes mirobolantes, qui sont restées légendaires dans la mémoire des vieux Parisiens, était un jeune homme, une vraie tête de Van Dyck, toujours proprement vêtu, coiffé d'une sorte de béret en velours noir; on le rencontrait tous les jours se promenant avec un énorme carton sous le bras gauche, et dans la main droite sa boîte à couleurs; on l'avait surnommé *le Raphaël de la Chopinette.*

Chopinette se disait pour *chopine;* quand le marchand de vin, par un habile coup de pouce, renversait une partie de la marchandise contenue dans la mesure sur son comptoir : — C'est pas une *chopine,* disait l'ivrogne, c'est une *chopinette.* De là le sobriquet donné au peintre, qui se plaignait toujours.

Il était rare qu'on lui donnât de l'argent : on ouvrait un compte, et quand il avait terminé son travail, tout était bu et mangé depuis longtemps.

Il se grisait comme un cordelier ; alors, il plantait là pinceaux et couleurs, et se promenait de la barrière de Ménilmontant à la barrière de Belleville, en chantant une chanson de matelot ; les gamins lui faisaient cortège, et tous reprenaient en chœur :

> Allons à Lorient, pêcher des sardines ;
> Allons à Lorient, pêcher des harengs.

C'était un souvenir de son pays. Tout jeune, il avait quitté Lorient pour Paris ; il se destinait à la peinture ; mais, trop bohème pour travailler dans un atelier, il avait pris le parti de vivre au hasard, en utilisant les quelques connaissances qu'il avait du dessin.

Tout à coup, on cessa de le voir : il avait hérité d'un parent mort à Haïti. Pour jouir plus vite de la bonne aubaine qui lui tombait du ciel, il s'embarqua pour la patrie de Cochinat.

Soulouque venait de décréter la formation de sa garde. Il entendait l'équiper à la française, et il était très embarrassé, car il n'avait pas de modèles sous les yeux. Le duc de *Bouton qui perce* lui parla du peintre nouvellement débarqué. Soulouque le fit mander et lui expliqua ce qu'il voulait. Aussitôt le *Raphaël de la Chopinette* lui dessina des croquis de fantaisie à faire pâlir Clodoche.

C'était bien d'avoir des modèles ; mais cela ne lui donnait pas des habits. Comment faire ?

Le peintre lui apprit qu'à la rotonde du Temple il trouverait ce qui lui manquait. Vite, Soulouque envoya le baron de *Bellepointe* à Paris avec l'ordre d'acheter tous les vieux habits et tous les bonnets à poils qu'il pourrait rencontrer.

Le baron accomplit consciencieusement sa mission, il fit une rafle de toutes les défroques du premier empire et de la garde nationale de Louis-Philippe, il fit emballer le tout soigneusement et débarqua heureusement.

Soulouque ne se tenait pas de joie, il manda aussitôt son ministre de la guerre, le comte de *Poignardant* et lui intima l'ordre d'habiller ses hommes ; pour les vêtements tout alla bien, mais les bonnets à poils n'avaient plus de plaque.

Il conta sa douleur au peintre ; celui-ci, homme de génie, partit pour l'Europe avec mission de faire graver des plaques, il alla tout droit à Paris, rue de Lappe, chez un de ses parents, un vieil Auvergnat qui faisait le commerce du vieux fer-blanc ; il lui apprit le sujet de son voyage.

— Mais j'ai ton affaire, dit le compatriote de M. Rouher, savent-ils lire, tes moricauds ?

— Je ne pense pas.

. . . .

A deux mois de date, Soulouque passait une grande revue, tous ses grenadiers portaient à leur bonnet à poil une plaque sur laquelle on lisait :

Sardines truffées sans arêtes

Soulouque prit le peintre en amitié et le nomma *duc de Pot aux Roses*. Il revint à Paris et mourut aux environs de 1867, riche, heureux, dans un chalet qu'il s'était fait construire au parc de Belleville ; il va sans dire qu'il ne porta jamais son titre et qu'il continua comme au temps de la bohème à n'être connu que sous le nom de *Raphaël de la Chopinette*.

Vers 1828, route de Vincennes, en face du *bal des Délices* nommé alors le bal des *Corybantes*, on n'a jamais su pourquoi, car les danseurs n'avaient pas à pleurer la mort d'Atys, le favori de Cybèle, il existait une maison ayant l'apparence d'une chaumière. A droite se trouvait le fourneau, protégé contre les mains indiscrètes des clients par une balustrade en bois découpé ; en face le comptoir, de plain pied, trois ou quatre tables, pas plus, en face de la porte d'entrée ; au fond, une échelle de meunier conduisant au jardin qui se trouvait en contrebas de la chaussée.

Cette maison, une ancienne auberge du temps où les chemins de fer n'avaient pas détrôné les rouliers, portait pour enseigne : *Au Rendez-Vous des Briards,* et au-dessous, grossièrement peint, une armée de lapins qui accouraient se jeter dans une casserole que tenait un vieux chef vêtu de blanc, la légende était : *Ils y passeront tous.*

Les dimanches et lundis les imprimeurs en papiers peints, si nombreux au faubourg Saint-Antoine, s'y réunissaient pour manger un lapin sauté et boire du piccolo à huit sous.

Au premier étage il existait une grande salle dans le milieu de laquelle se prélassait un billard immense qui devait remonter au déluge, le tapis était crevé en maints endroits, les billes, écaillées à force de rouler, avaient creusé des sillons profonds, des quinquets éclairaient la salle d'une lumière douteuse, les angles étaient dans une obscurité presque complète. C'étaient les coins choisis par les amoureux, dont les baisers se confondaient dans le bruit des carambolages.

Aux murs étaient appendus de vieux plats que le père Blacher, le maître de céans, prétendait être des Bernard Palissy ; on le croyait volontiers sur parole, car les clients du dimanche et du lundi dédaignaient les choses antiques et ne venaient pas pour les plats qui réjouissaient la vue, ils préféraient à tous les Bernard Palissy du monde, un bon plat en faïence de Choisy, ébréché, raccommodé même, garni d'un gros lapin fumant, cuit à point, couché sur un lit d'oignons et de lardons, nageant dans une succulente sauce au vin, et répandant un parfum de thym et de laurier à faire pâmer les estomacs les plus récalcitrants.

Dans la semaine, à certains jours, le décor changeait, on rencontrait *Au Rendez-Vous des Briards*, Alexandre Dumas père, Auguste Luchet, Auguste Ricard, l'auteur de *M. Mayeux*, de *J'ai du bon tabac dans ma tabatière*, Félix Pyat, Emile de Girardin, Wolowski, Bréant, le chansonnier, qui mourut chef de division au ministère des affaires étrangères vers 1860 ; Bréant disait plaisamment : On affirme qu'en France tout finit par des chansons ; moi, au contraire, j'ai commencé par elles. J'allais oublier Léon Mangin, le neveu du fameux préfet, l'inventeur de la guillotine pour les chiens.

Le jour du duel d'Emile de Girardin avec Armand Carrel, le cénacle était au grand complet et assista au combat du rond-point de la Caroline.

C'était le bon temps alors, comme dans la chanson de *Page, Écuyer, Capitaine*, la politique n'avait pas envahi les réunions intimes ; qu'importait la couleur de chacun ; la fantaisie la plus insensée avait droit de cité, les discussions se bornaient à discerner l'âge du vin, son cru, les opinions se fondaient dans un choquement de verre fraternel. Chacun souhaitait de voir arriver son voisin ; il arrivait parfois que les discussions prenaient une tournure plus aiguë, surtout quand il s'agissait de déterminer si le père Blacher élevait ses lapins sur le toit ou dans sa basse-cour.

Ces messieurs avaient fondé un journal, l'*Ours*. Quelle antithèse !

Les bureaux étaient situés rue des Petits-Hôtels. On mangeait à la rédaction. Ah ! il n'y avait pas de Bernard-Palissy sur les murs, et le linge y était un luxe inconnu. Quand un étranger était invité, pour lui faire honneur, on déchirait un pan de chemise en lui disant que la rédaction n'avait pas de linge damassé !

Ce calembour innocent mettait tout le monde à l'aise et de belle humeur, quant aux convives de la maison, ils n'avaient pas besoin de serviettes, ils se léchaient les doigts, surtout quand c'était Luchet qui était de cuisine.

Maurice Alhoy était un fidèle du *Rendez-Vous des Briards*. Ce fut là qu'il se lia avec Émile de Girardin d'une amitié étroite.

Un jour, Maurice Alhoy disparut de Paris. Ses amis, inquiets, le cherchèrent dans tous les coins ; enfin, un jour, on apprit qu'il avait été se cacher à Staouli, dans un couvent de Trappistes. Luchet se dévoua et partit pour l'Algérie, afin d'essayer de le ramener à Paris. Maurice Alhoy fut inflexible. Il donna pour raison qu'il était amoureux fou d'une actrice des Variétés. Luchet revint seul et alla chez l'actrice, à qui il fit part du désespoir de Maurice ; celle-ci lui répondit qu'il avait eu tort de ne pas parler, que rien n'eût été plus facile. Luchet lui dit qu'il allait écrire au Trappiste, et qu'aussitôt qu'il arriverait à Paris, il la préviendrait. Au reçu de la bonne nouvelle, Maurice Alhoy s'empressa de s'embarquer, et, quelques jours plus tard, il arrivait tout joyeux et plus amoureux que jamais. Il ne voulut pas attendre que Luchet prévînt l'actrice, il courut chez elle.

Elle habitait une petite maison aux Batignolles. Il trouva la porte ouverte; il entra sans façon. Aussitôt, il poussa un cri. Il vit la femme aimée, les pieds nus dans des savates, qui traversait la cour avec un pot de chambre absolument plein..... Il se sauva en se bouchant le nez, et fut guéri du coup. Pour le faire entrer en fureur, il suffisait de lui rappeler cette aventure trop parfumée!

La chaumière fut remplacée en 1865 par une immense maison, bien connue de la garnison de Vincennes, Vénus succéda à Bacchus.

La rue de la Calandre, dans la Cité, fut démolie en 1856 pour faire place à la caserne où se trouve actuellement la préfecture de police; en y entrant, à droite, on rencontrait un cabaret qui portait pour enseigne : *Au sacrifice d'Abraham.* C'était le lieu de rendez-vous des chansonniers en vogue de l'époque; ils en firent une goguette, qui acquit en peu de temps une grande célébrité, quoiqu'elle fût présidée par un cordonnier.

C'est là que pour la première fois Charles Gilles

chanta la fameuse chanson : *Le Bataillon de la Moselle en sabots* et l'*Odalisque*.

Pauvre Gilles! de crainte de mourir comme Hégésippe Moreau, Gilbert, Privat-Danglemont et Charles Coligny, à l'hôpital, il se pendit rue Delaitre, à Ménilmontant. La chanson, au lieu de le conduire au ministère comme Bréant, le conduisit à la fosse commune; il est vrai que ses œuvres ont laissé des traces, tandis que celles de Bréant sont oubliées, mais qu'importe l'immortalité, un peu de pain eût été préférable.

Au *Sacrifice d'Abraham* on chantait également le répertoire d'Édouard Plouvier, encore un disparu trop tôt!

Alexandre Blacher, que les habitués avaient surnommé le grand imitateur de Déjazet, quoiqu'il appartînt au sexe laid, égayait les *goguettiers* par la célèbre chanson du *Moulin à parole*.

Tout cela est évanoui. A la place où jadis retentissaient les joyeux flons-flons de nos aînés on entend résonner la trompette des gardes républicains qui sonne la *botte à Coco* et le *boute-selle*.

Au Palais Bonne-Nouvelle, boulevard de ce nom, se trouvait, vers 1855, un café-concert, connu sous le nom de *Café de France*, le rez-de-chaussée du Palais était un bazar, le concert était au premier; il était alors en grande vogue.

Darcier chantait la *Musette neuve*, accompagné

par un aveugle, qui jouait du hautbois; rien de plus cocasse n'était possible.

Lorsque l'artiste avait terminé son couplet, l'aveugle jouait la ritournelle; c'était grotesque. Mais personne ne songeait à rire. Ah! c'est que Darcier était un solide gars qui écrivait son nom sur la muraille avec un poids de 20 kilos; fort heureusement il était aussi bon qu'il était fort.

Darcier mourut en 1883, fatigué, et oublié du public qu'il charma pendant plus de vingt ans.

M. Javal était propriétaire du Palais-Bonne-Nouvelle, il avait contracté l'habitude de venir quotidiennement s'enfermer dans certain réduit où le roi, quelle que soit sa grandeur, est forcé d'aller à pied; quand il vendit son immeuble, il se réserva par clause spéciale le droit gratuit d'accomplir son petit pèlerinage au petit local; la caissière, qui le connaissait, ne lui demandait jamais rien; elle le saluait, lui offrait les papiers les plus soyeux, elle était pleine de prévenances pour son fidèle client.

Un jour on changea la caissière parce qu'elle avait fait du scandale.

Deux soldats, Dumanet et Pitou étaient entrés au bazar; Dumanet après l'avoir visité en détail, s'arrêta devant l'entrée du *buen retiro* et plongea ses regards dans l'antre mystérieux.

— Qu'est-ce qu'il y a là, dit-il à Pitou?

— Là, répondit Pitou, c'est subséquemment la cuisine du directeur.

— Que j'ai la gamelle de l'ordinaire dans les talons, dit Dumanet, veux-tu entrer m'acheter quelque chose ?

— Pour combien ?

— Pour six sous !

Pitou entra sans hésiter et demanda à la caissière pour six sous de sa marchandise, pour son camarade qui était à la porte. Elle lui répondit que sa marchandise ne se vendait pas à emporter, qu'il fallait consommer sur place. Pitou n'en voulut pas démordre, il se fâcha, la caissière aussi ; Dumanet intervint, furieux, il dégaîna.

— Je vas la couper ta marchandise, dit-il ; puisque je peux pas en manger, personne n'en mangera... Bref, la garde arriva et emmena tout le monde s'expliquer au poste.

Revenons à Javal. Il entra comme d'habitude, la nouvelle caissière, qui ne le connaissait pas, l'arrêta au passage et lui tendit la main. J'ai oublié de dire qu'il était sourd comme un pot.

— Tiens, se dit-il, cette caissière est plus aimable que l'autre, et lui serra la main, et, comme il était pressé, il s'engagea au plus vite dans l'étroit couloir.

La caissière le rattrapa et lui tendit à nouveau la main, en disant : C'est trois sous !

Il n'entendait pas, elle lui répéta : C'est trois sous !

Javal ! Javal ! répondait-il. Abasourdie, la caissière le laissa entrer. Il était temps.

Quand il sortit, tout s'expliqua, et il put continuer à son aise de jouir du privilège qu'il s'était réservé.

En face du bazar Bonne-Nouvelle, remplacé aujourd'hui par *la Ménagère*, il existait un poste à l'endroit où se trouve l'escalier qui conduit à la rue de la Lune. Quand la garde nationale était un des ornements de Paris, elle occupait ce poste.

Il était d'usage que les patrouilles qui se rencontraient criassent pour se reconnaître le nom de leurs quartiers.

Une nuit, la sentinelle qui était en faction vit venir à elle une forte patrouille.

— Qui vive? cria-t-elle.

La patrouille répondit : Bonne-Nouvelle.

— Caporal! Caporal! Venez reconnaître patrouille.

Le caporal accourut en bâillant.

— Qui vive!

— Bonne-Nouvelle!

— Ah! ah! fit le brave caporal en déposant son fusil contre la grille; ah! parbleu, mes amis, contez-nous ça!...

Dans le monde entier on connaît le passage *Véro-Dodat*, rue du Bouloi et rue Jean-Jacques-Rousseau ; il doit son nom à deux charcutiers.

La maison située à l'angle du faubourg Saint-Denis et du boulevard de ce nom, qui fut démolie en 1884, puis reconstruite aussitôt, fut le berceau de la fortune de *Véra* et non *Véro*.

Véra, un nom prédestiné pour un charcutier, était de Strasbourg ; il disait avec orgueil : « Fils de charcutier et charcutier moi-même ! » La boutique de son père portait pour enseigne : *Depuis les pieds jusqu'à la tête, tout en est bon.* Trop à l'étroit à Strasbourg, écrasé d'ailleurs par la célébrité du fameux pâté de foie gras, il vint à Paris et acheta la modeste boutique du faubourg Saint-Denis ; en peu de temps il la transforma et acquit une grande renommée pour la préparation des langues ; on l'avait, à ce sujet, surnommé : le professeur, parce qu'il se vantait de connaître sept langues : langues à l'écarlate, langues fourrées, etc.

Véra fit une grande fortune : il songea alors à devenir propriétaire ; il acheta les terrains sur lesquels le passage s'élève aujourd'hui de concert avec un de ses confrères nommé *Dada,* mais ces deux noms *Véra-Dada* auraient fait rire le public ; il s'entendit avec son associé pour faire un échange de voyelles dans leurs noms : *Véra* devint *Véro* et *Dada Doda.*

Véro fit alors construire à Brunoy un château de forme italienne, puis fit placer deux superbes *lions* en marbre dans la cour d'honneur.

L'ancien charcutier devait être heureux, son rêve était réalisé : il était châtelain, riche, célèbre. Hélas ! aucun bonheur n'est parfait ici-bas ; il est vrai qu'on ne sait pas s'il est plus parfait là-haut. Bref, ses amis l'accablaient de quolibets.

— Ton château a l'air d'un pâté de *fromage d'Italie*, lui disaient-ils ; ou bien : Est-ce que tu as placé ces lions en souvenir des saucissons?

Véra devint commandant de la garde nationale de Brunoy, mais les honneurs ne parvinrent pas à triompher de sa mélancolie : il mourut fou dans les dernières années du règne de Louis-Philippe, mais son souvenir est resté vivace sous le nom de *Marquis du petit salé*.

Voilà l'plaisir, Mesdames, voilà l'plaisir ! Ainsi chantaient dans les rues de Paris les braves femmes qui vendaient ce gâteau cher aux bébés; quelquefois un gamin en belle humeur les suivait et répondait : *N'en mangez pas, Mesdames, ça fait mourir !*

La *marchande de plaisir* est une des professions les plus anciennes de Paris ; au seizième siècle, elle existait déjà, dans les environs des Halles, mais au lieu de porter sa marchandise dans une boîte, elle la portait sur un éventaire d'osier, fixé sur son ventre ; elle annonçait aussi sa marchandise en chantant :

> Chaudes oublies renforcées
> Galétes chaudes, eschaudez
> Roinssolles, ça désirées aux dez.

L'*oublie* ou *plaisir* était alors fabriqué spécialement rue des Marmousets (démolie pour faire place à la caserne de la Cité) ; une ruelle se nommait même rue des *Oublayers* : c'est là qu'étaient établis les fours.

Plus tard, M#me# Siméon, établie sur le Pont-Neuf, obtint un grand succès et réalisa une grosse fortune en fabriquant des plaisirs.

Depuis quelques années, la vente des plaisirs n'est plus la spécialité des femmes; un certain nombre d'hommes se livrent à ce métier assez lucratif, mais ils ne fabriquent pas, ils achètent à la douzaine.

Les marchands de plaisir n'annoncent plus leur marchandise en chantant, ils ont une petite crécelle qui fait un tapage agaçant; sur l'antique boîte, ils ont adapté une flèche qui tourne sur un pivot, et le client peut, à son gré, jouer la rouge ou la noire ou le numéro qui va de un à douze.

Dans certains quartiers, la vente du plaisir n'est qu'un prétexte qui sert à masquer un jeu d'argent. C'est une concurrence à Monaco.

La *Salle Chantereine* était située au 19 *bis* de la rue de la Victoire. Elle fut construite, en 1835, par un nommé Grommaire, ancien machiniste à l'Opéra. Elle était d'un style Empire, modeste, sans luxe; en revanche, la scène était établie dans des conditions tout à fait avantageuses au point de vue théâtral. En qualité d'ancien machiniste, le père Grommaire avait apporté là tout son savoir: châssis, portants, trappes, trappillons, costières, etc., etc., rien n'y manquait. Tout ce matériel était inutile, étant donné le genre des pièces qui y étaient représentées. On y jouait principalement la comédie et la tragédie. Beaucoup de nos artistes, célèbres aujourd'hui, firent leurs premiers pas sur les planches de la *Salle Chantereine*. La plupart avaient pour professeur de déclamation Bonhoure Ludovic, connu sous le pseudonyme de Ludovic Fleury.

De fort jolies soirées furent données sur ce petit théâtre, comme en témoigne le programme suivant :

SOIRÉE DRAMATIQUE

DONNÉE PAR MM. LES ÉLÈVES DU CONSERVATOIRE

Sous la direction de M. *Ludovic* FLEURY

LE 14 MARS 1841

LE MENTEUR

Comédie en 5 actes, de P. Corneille.

Géronte,	MM. Fleuret.
Dorante,	P. Leroux.
Alcippe,	E. Gouget.
Philiste,	Senés.
Cliton,	Ch. Boudeville.
Lycas,	id.
Clarisse,	Mmes Grandhomme.
Lucrèce,	E. Chapuis.
Sabine,	Augustine Brohan.
Isabelle,	Bouval.

LE BARBIER DE SÉVILLE

Comédie en 4 actes de Beaumarchais.

Cte Almaviva,	MM. P. Leroux.
Bartholo,	Senés.
Figaro,	C. Boudeville.
Don Bazile,	E. Gouget.
Rosine,	Mme Blangy.

LES RIVAUX D'EUX-MÊMES

Comédie en un acte de Pigault-Lebrun.

Derval,	MM. P. Leroux.
Florville,	E. Gouget.
Dupont,	C. Boudeville.
Mme Derval,	Mmes Blangy.
Lise,	Aug. Brohan.

A côté de représentations jouées par de vrais artistes appartenant au théâtre, il y en avait données par des amateurs ou des artistes de passage.

Une représentation qui a dû se fixer dans la mémoire de ceux qui y assistaient, fut celle donnée par un nommé Lambert.

Lambert était un pauvre diable de cabotin de province qui, d'insuccès en insuccès, avait fini par s'échouer dans un taudis de la rue Bellefond, où il avait ouvert un cours de déclamation dramatique.

Ses élèves étaient peu nombreux, et le payaient mal, peut-être pas du tout; la misère, que nous nommons aujourd'hui misère noire, lui eût semblé couleur de rose.

Il organisa à la *Salle Chantereine* cette représentation pour se procurer quelques ressources. Pauvre Lambert, quelle épopée !

Le grand jour était arrivé ! Pendant qu'il usait son temps à courir les rues et à grimper des étages pour placer ses billets, ses amis, les vrais, se préoccupaient des besoins urgents du grand premier rôle : la chemise d'abord ; en se cotisant, ils avaient pu réunir les quatre sous nécessaires, dont se contentaient les blanchisseuses de l'époque ; malheureusement, la blanchisseuse n'avait pas de chemise à Lambert.

L'heure allait sonner ; que faire ? Il fallait cependant entrer en scène; Lambert arrive, dans quel état! mouillé jusqu'aux os, le chapeau déformé, aplati en accordéon, les bottes dégorgeant leur trop-plein, car seules s'étaient gavées, les gloutonnes!

Ses amis, toujours les vrais, sachant qu'un professeur doit faire vibrer les R... le conduisirent chez un fruitier qui tenait boutique en face et dont la femme confectionnait des pommes de terre frites excellentes; nouvelle cotisation qui produisit juste de quoi lui offrir un grand cornet de deux sous, plus un demi-setier. Ceci pour l'intérieur, restait l'extérieur : la bonne fruitière put fournir, en déchirant un faux ourlet de son jupon, une loque noire qui, habilement placée par ses mains, pouvait passer pour un col d'ordonnance, car le malheureux remplissait le rôle d'un colonel en retraite. Le mari prêta une vieille redingote qui lui servait le matin pour aller à la halle, et qui, soigneusement boutonnée, put passer; quant au pantalon et aux bottes, il fut impossible de parer à leurs exigences, ils restèrent ce qu'ils étaient.

Au dernier moment, on s'aperçut qu'il manquait la coiffure. Le concierge du théâtre dénicha un vieux bonnet de police de grenadier de la vieille garde; ce bonnet de police était beaucoup trop grand et tombait jusque sur les épaules du colonel. Une dame, grâce à une épingle habilement placée, fit ce qu'on nomme une pince. En somme, ça ne se voyait que de profil ; c'était donc à Lambert à ne se montrer que de face.

Enfin, le rideau se lève. Il s'agissait d'un colonel pour lequel une dame du grand monde avait eu des bontés jadis ; des indiscrétions d'un ancien frère d'armes apprirent au mari que le colonel possédait des lettres fort compromettantes pour son honneur conjugal; le mari voulait s'en emparer ; cela était d'autant plus facile que le colonel avait la fâcheuse habitude de les porter sur lui et de les presser continuellement sur son cœur ou sur ses lèvres.

La situation se tend, le mari monte l'escalier; il n'y a pas un instant à perdre, il faut brûler les lettres... Une jeune fille, conséquence des bontés de la dame, ne veut pas quitter son père adoptif.

Le colonel, impatienté, s'écrie en secouant convulsivement ses lettres : « Laissez-moi, j'ai besoin d'être seul ! » — Avec un peu de papier, dit un spectateur caché dans une baignoire.

L'effet fut foudroyant. C'était grossier, d'un esprit douteux, qu'importe ! La salle partit d'un immense éclat de rire. Le malheureux Lambert s'était levé comme mû par un ressort... Ses yeux fouillaient la salle pour découvrir le loustic, ses grands bras battant l'air, ses enjambées fiévreuses le faisaient ressembler à un fantoche ; il se retourna pour cacher ses larmes. Alors on aperçut la fameuse pince ; ce fut le comble. Le pauvre homme vint à l'avant-scène. Quelques spectateurs comprenant qu'il voulait parler, demandèrent le silence ; tant bien que mal on l'obtint. Lambert voulait crier à cette foule :

— Misérables ! si ce n'était que mon pain que vous me voliez en ce moment, je vous le pardonnerais ; mais ce qui est infâme, c'est que vous me déshonorez ! Vous êtes des brigands !

Il porta convulsivement la main à son front, le mouvement fit sauter l'épingle et sa tête s'engouffra dans le gigantesque bonnet de police juste au moment où il allait parler.

Cette fois, c'était fini, bien fini.

Le public se roulait sur les banquettes, les femmes se tenaient le ventre, l'hilarité atteignait les proportions de la folie ; quand tout à coup du fond du parterre, s'élevèrent des cris de fureur, un remue-ménage extraordinaire s'exécutait dans les loges ; toute une famille voulait fuir en cherchant un escalier discret ; les contrôleurs montaient quatre à quatre les vingt-deux marches qui séparaient le rez-de-chaussée des galeries, enfin les autorités étaient sur pied ; tout cela, parce qu'une petite fille d'une douzaine d'années, placée dans la première loge de face, avait ri jusqu'à s'oublier... La construction étant élémentaire, les plafonds veufs de tout plâtrage, le parquet mal joint n'avait pu protéger les spectateurs du dessous, et à l'étonnement causé par une douche chaude avait succédé les cris de fureur des femmes qui voyaient leurs chapeaux et leurs robes compromises.

Le Waterloo était complet.

Pauvre Lambert, on dut le reconduire chez lui, malade, il mourut peu de temps après.

Le *Théâtre Chantereine* vécut environ une quinzaine d'années, jusqu'en 1852, époque vers laquelle mourut son propriétaire, le père Grommaire. Il fut exproprié pour faire place à l'immense immeuble qui existe actuellement.

TABLE DES CHAPITRES

Pages

Le Boulevard du Temple. — Le Café des Mousquetaires. — Le Tailleur dramatique. — Le Café de l'Épi-Scié. — La Capitaine de recrutement. — Le Poète sur commande. — Le Café Achille. — Grecs et Pigeons. — Monsieur Pas-de-Chance. — Conspirateur et Policiers. — Le Gamin et le Voyou de Paris. — Théâtre-Historique. — Les trois Persans. — Théâtre-Lyrique. — Scribe et Napoléon III. — Folies-Dramatiques. — Le Cirque Olympique. — Billion et Mouriez. — La Gaîté. — Clarisse Miroy et Billoir. — L'Avant-Scène n° 5. — Les Funambules. — Timothée Trimm et Caussidière. — Délassements-Comiques. — Corneille et André Chénier. — Monsieur compte son linge. — Mélanie Montretout. — Rigolboche et Marie Dupin. — Les Variétés de Bois. — Arlequin pendu. — Le Petit-Lazzari. — Bambochinet.. 1

Le Café de l'Union. — Félix Régamey. — Léonce Petit. — Courbet et la Colonne. — Lemoyne. — Tridon et l'Art de payer ses dettes à coups de fusil. — Albert Glatigny. — Mon dernier sou. — Vermersch. — Jules Vallès et le Lapin anthropophage. — Pipe-en-Bois et le vicomte de Buci. — Constance et l'Homme à la Tête de bois. — Cagliostro et la Fille du Roi. — Le général déserteur et la Carotte patriotique. — Ernest d'Hervilly. — Un Melon qui m'a bien trompé. — Puissant et la Loterie. — André Gill.. 53

Le bal des gigoteurs. — Valentino. — La Salle Barthélemy. — Le Café de la Géante. — Le Café du Géant. — Les Folies-Nouvelles. — Le Prado. — Coquelin. — Les Enfants du Prado. — Le Bœuf-Furieux et la Tête-de-Grenouille. — Le Casino Cadet et la Halle-aux-Veaux. — Le Clos Guinguet.

— Aux Armes de France. — La Salle Graffard. — Les Grands-Pavillons.— Le Galant-Jardinier. — Les Barreaux-Verts. — Mabille bastringue.— Mabille *high life.* — Marguerite Bellanger et le Dîner de son caniche.— La Lune de miel.— Les Diamants de sa mère.— Parvenue et Princesse. — Folies Saint-Antoine et le Colonel Lisbonne.... 85

La Maison de Diomède.—La Cochère.—Salvador Daniel. — Markowski et la Salle de la rue de Buffault.— Markowski, préfet du Rhône. — Les Arènes athlétiques.— L'Homme masqué. — Alfred, le modèle parisien. — Charavet. — Le Vieux-Chêne. — Chiffonnière ou Chiffonnier?.......... 111

La Butte Montmartre.— La vieille Église. — L'abbaye. — Henri IV et Marie de Beauvilliers. — L'Image de Jésus-Christ. —Mme de Montmorency et le Tribunal révolutionnaire.— La Tour du télégraphe.— Le Sacré-Cœur. — Brasseries et cafés.— L'Enlèvement des canons.— L'Assassinat des généraux Lecomte et Clément Thomas. — L'Exécution de Varlin.—Le Moulin de la Galette.—Un Souvenir des Prussiens en 1815. — Le Château-Rouge.— L'Hermitage et le Bal des Epiciers. — La Musette de Saint-Flour. — Les Folies-Robert.— Le Tivoli de Montmartre.— Le Chemin des Anes et l'Académie........................ 125

La Courtille. — Masques et Chienlits. — Folies-Belleville. — Mathorel, Flourens et Vermorel. — Le Bouquet du Commissaire. — Désiré Cabas. — Embrasse-moi, mon Ange.— La Chique pectorale.— Trouillou, dit Joli-Cœur. — Le Vol, c'est la revendication du Droit.— La Sueur du Peuple. — Nini la Duchesse. — Le Bal Favié.......... 149

La Place de la Bastille. — L'Homme à la Vessie.— Le Lapon. — L'Homme au Pavé. — L'Homme à la Poupée. — Le Panier Indien. — Moreau et Papillon. — Le Père la Flûte et Sophie. — Le Marchand de Poil à gratter. — Miette et la Poudre Persane. — Le petit Homère de la Bastille. — La mère Meurt-de-Soif. — L'Eléphant...... 177

La Reine Blanche. — Les arrivées. — Nini la Belle-en-Cuisses. — Le Bal de l'Astic. — Trompe-la-Mort............ 203

L'Hôtel-Dieu.— La Boîte aux dominos. — Hégésippe Moreau. — Les Rois de France et l'Hôtel-Dieu. — Gamard et le Pont-aux-Doubles.— Le Lit omnibus.— Le Bouillon d'onze heures............................... 209

Le Banquet des Croque-Morts. — Mesdames les Ensevelisseuses. — Le Fossoyeur académicien. — Toast à la Patronne. — Le Fossoyeur ébéniste. — Le Monsieur du Cimetière. — La Légende de M. Bibassin. — Nous attendrons. — Le Croque-Mort perdu par la Bière............ 233

L'Ange gardien — Les Matelassiers. — Le Beurre au Suif. — Le Père la Pêche. — Le Millionnaire. — Rassis toujours frais. — La Galette du Gymnase. — Coupe-Toujours. — Le Savetier. — Le Testament de M. Pipier. — Épitaphe. — Le Conservateur de Dominos. — Le Lapin Blanc. — Le Père Girot.. 247

Le Concert Besselièvre. — Le Fusil à aiguille. — Qu'est-ce que la Femme? — Mangin. — Le Père Vinaigre. — Le Marchand d'Éponges et Moustache. — Le Gratteur de Démangeaisons. — L'Aigle Impériale. — Le Vert-Galant. — La Maison du Bourreau. — Le Square du Temple. — La Fontaine Mystérieuse. — Le Parc aux Huîtres. — Les deux Rochers de Cancale. — Le Cabaret de la Côte de Beaune. — Voltaire et Piron.................. 263

La Fontaine des Innocents. — Les Déserteurs. — Le Restaurant des Pieds-Humides. — La Mère Bidoche. — Le Petit-Manteau-Bleu. — Brébant. — Frascati. — Le Cercle des Arts-Libéraux — Le Frascati du Directoire. — L'Aquarium. 277

La Prison des Madelonnettes. — Charles de Brancas. — Le Mouchoir révélateur. — Une Oubliette. — Le Théâtre Saint-Pierre. — Le Père Dechaume. — Bric-à-Brac et Directeur. — Les Folies-Montholon. — Le Père Hyacinthe. — Le Curé limonadier. — Le Père Coluche. — Quand vous seriez le petit Caporal, on ne passe pas! — Les Boulevards extérieurs en 1860 — Le Camp de la Loupe. — Le Raphaël de la Chopinette. — Soulouque et ses Grenadiers. — L'Auvergnat et les boîtes à Sardines. — Au Rendez-Vous des Briards. — Auguste Luchet et l'auteur de M. Mayeux. — Bréant le Chansonnier. — La Guillotine pour les Chiens. — Le Journal l'*Ours* et le Pan de Chemise. — Le Sacrifice d'Abraham. — Charles Gilles. — L'Imitateur de Déjazet. — Le Café de France. — Darcier et le Joueur de Hautbois. — Dumanet et Pitou — Javal et sa Caissière. — Bonne Nouvelle. — Véra et Dada. — Le Professeur de Langues. — Voilà l'plaisir, Mesdames. — La Salle Chantereine.. 285

Paris. — Imp. Balitout et Cⁱᵉ, 7, rue Baillif

PUBLICATIONS RÉCENTES DE LA LIBRAIRIE E. DENTU

Collection gr. in-18 jésus à 3 fr. et 3 fr. 50 c. le volume

GUSTAVE AIMARD
Le Souriquet.......... 2
Cornelio d'Amor.......... 2

ALBÉRIC SECOND
Le Roman de deux Bourgeois.......... 1
La Vie facile.......... 1

PHILIBERT AUDEBRAND
Ceux qui mangent la pomme.......... 1
A qui sera-t-elle?.......... 1

ALFRED ASSOLLANT
La fête de Champdebrac.......... 1
Les Crimes de Polichinelle.......... 1

ÉLIE BERTHET
Le sac de La Ramée.......... 1
La Marchande de Tabac.......... 1

ADOLPHE BELOT
Les Fugitives de Vienne.......... 1
La Bouche de Mme X***.......... 1

F. DU BOISGOBEY
Les Suites d'un Duel.......... 1
Bouche Cousue.......... 2

ÉDOUARD CADOL
Mademoiselle ma Mère.......... 1
La Revanche d'une honnête femme.......... 1

CHAMPFLEURY
Fanny Minoret.......... 1
N'oublie pas ton Parapluie.......... 1

C. DEBANS
Histoires de tous les Diables.......... 1
Le Baron Jean.......... 2

EUGÈNE CHAVETTE
L'Oreille du Cocher.......... 1
Le Comte Omnibus.......... 2

JULES CLARETIE
Le Million.......... 1
Monsieur le Ministre.......... 1

GUSTAVE CLAUDIN
Lady Don Juan.......... 1
Le Store baissé.......... 1

LOUIS DAVYL
13, Rue Magloire.......... 1
Les Enfants de la Balle.......... 1

ERNEST DAUDET
La Caissière.......... 1
Le Lendemain du péché.......... 1

ALPHONSE DAUDET
Les Rois en exil.......... 1
L'Évangéliste.......... 1

CHARLES DESLYS
La Mère Rainette.......... 1
La Comtesse Rouge.......... 1

GEORGES DUVAL
Le Premier amant.......... 1
Le Miracle de l'abbé Dulac.......... 1

ÉTIENNE ÉNAULT
Diane Kerdoval.......... 1
Gabrielle de Célestange.......... 1

H. ESCOFFIER
La Vierge de Mabille.......... 1
Chloris la Goule.......... 1

FERDINAND FABRE
Barnabé.......... 1
La petite Mère.......... 4

ÉMILE GABORIAU
Le Petit Vieux des Batignolles.......... 1
L'Argent des autres.......... 2
Les Amours d'une Empoisonneuse.......... 1

M. L. GAGNEUR
Le Roman d'un Prêtre.......... 2
Un Chevalier de Sacristie.......... 1

EMMANUEL GONZALÈS
La Vierge de l'Opéra.......... 1

GOURDON DE GENOUILLAC
Les Folies de Paris.......... 1
L'homme aux deux Femmes.......... 1

CONSTANT GUÉROULT
Les Dames de Chamblas.......... 2
L'Héritage tragique.......... 2

ROBERT HALT
La Fantaisie de Camille.......... 1
Brave Garçon.......... 1

JOB
Au Voleur!!!.......... 1

CHARLES JOLIET
Pénélope et Phryné.......... 1
Roche-d'Or.......... 1

ARMAND LAPOINTE
Reine Coquette.......... 1

G. DE LA LANDELLE
Rose Printemps.......... 1
Rouget et Noireau.......... 1

JULES LERMINA
Les Mille et une Femmes.......... 2
La Criminelle.......... 1

M. DE LESCURE
La Dragonne.......... 1
Mademoiselle de Cagliostro.......... 1

LE PRINCE LUBOMIRSKI
Par ordre de l'Empereur.......... 2
Les Viveurs d'hier.......... 1

HECTOR MALOT
La Petite sœur.......... 2
Paulette.......... 1

A. MATTHEY
Le duc de Kandos.......... 2
L'enfant de l'Amant.......... 2

CATULLE MENDÈS
Monstres Parisiens.......... 1
Le Roi vierge.......... 1

CHARLES MÉROUVEL
Les derniers Korandal.......... 2
Deux Maîtresses.......... 1

XAVIER DE MONTÉPIN
La fille de Marguerite.......... 6
Simone et Marie.......... 6

CHARLES MONSELET
Mon dernier né.......... 1
Le Petit Paris.......... 1

EUGÈNE MORET
La Révoltée.......... 1
Son Éminence noire.......... 1

VICTOR PERCEVAL
Une date fatale.......... 1
Un beau Mariage.......... 1

PAUL PERRET
L'Âme murée.......... 1
Ce que coûte l'Amour.......... 1

PONSON DU TERRAIL
Les Voleurs du Grand Monde.......... 7
Le Filleul du Roi.......... 2

ADOLPHE RACOT
La Maîtresse invisible.......... 1
Le Supplice de Lovelace.......... 1

TONY RÉVILLON
L'Agent provocateur.......... 1
Le Besoin d'Argent.......... 1

MARIUS ROUX
La Poche des Autres.......... 1
La Proie et l'Ombre.......... 1

ÉMILE RICHEBOURG
Jean Loup.......... 3
L'Idiote.......... 3

PAUL SAUNIÈRE
Le Neveu d'Amérique.......... 1
Les Jouisseurs.......... 1

AURÉLIEN SCHOLL
Fleurs d'Adultère.......... 1
L'orgie Parisienne.......... 1

A. SIRVEN ET LE VERDIER
La Fille de Nana.......... 1
Madame la Vertu.......... 1

LÉOPOLD STAPLEAUX
Les Compagnons du Glaive.......... 7
Boulevardiers et Belles Petites.......... 1

PIERRE VERON
Le Guide de l'Adultère.......... 1
Allons-y gaiement.......... 1

VICTOR TISSOT ET AMÉRO
La Comtesse de Montretout.......... 1
Aventures de trois Fugitifs.......... 1

PIERRE ZACCONE
Les Drames de la Bourse.......... 1
L'Homme aux neuf Millions.......... 1

Paris — NOIZETTE

www.ingramcontent.com/pod-product-compliance
Lightning Source LLC
Chambersburg PA
CBHW060656170426
43199CB00012B/1822